JN042122

ヘイトを のりこえる教室

ともに生きるためのレッスン

風巻浩・金迅野 著

大月書店

この本を手にとってくれたあなたに

――ぼくらは、どう生きるか

ぼくらには合わせて12人の孫がいる。人生の半分以上を過ぎてしまったぼくらの切なる願いは、孫たちの世代が、もう少し「まし」な世界に生きていってほしいということなんだ。その世代は、この本を読むあなたの世代とも重なっていくだろう。

念のために言っておくけど、ぼくらは物知り顔で「いまの若いもんは……」とか「これが正しい生きかただ」といったことを話そうと思っているのではないので安心してほしい。ぼくらがきみたちの年のころ、そんな話は聞きたくもなかったのだから。ぼくら自身の失敗や、悔しい思いもこの本には正直に書いている。この本の表紙のように車座(くるまざ)になって、ぼくらの話の輪に入ってくれることで、あなたが、ふだん見ている世界に対して、いつもとちょっとちがった見方ができるようになるなら、ほんとうにうれしい。

『君たちはどう生きるか』という本がある。コペル君というあだ名の15歳の少年が主人公の話だ。マンガや同名の映画もつくられたので知っているかもしれない。この本がもともと書かれたのは1937年、日本が日中戦争をはじめた年。日本の破滅へのはじまりの年だ。戦争に向けて社会が一色に染められ、自由な発言ができなくなる時代に、著者の吉野源三郎さんは、まわりに流されず自分のアタマで考え、感じることのたいせつさを伝えようとした。

コペル君は最後の場面で、こうノートに書き記す。


僕は、すべての人がおたがいによい友だちであるような、そういう世の中が来なければいけないと思います。人類は今まで進歩してきたのですから、きっと今にそういう世の中に行きつくだろうと思います。

そして僕は、それに役立つような人間になりたいと思います。


コペル君の話が書かれた時代の日本は、中国で侵略戦争をはじめただけではなく、お隣の台湾や朝鮮を暴力で支配していた。「すべての人がおたがいによい友だち」というこの一文に、作者のせいいっぱいの社会批判があらわれているとも読みこめる。

いまは、隣国に対する支配はなくなった。でも、日本に住む外国人（や、外国にルーツをもつ人たち）に対して「出て行け！」「殺せ！」と叫ぶ人がいるという現実がある。在日外国人だけでなく、障がい者や女性や性的マイノリティ、沖縄やアイヌなど、さまざまな人びとに刃(やいば)

が向けられている。コペル君の夢は、まだ実現していない。

「すべての人がおたがいによい友だちであるような世の中」を実現するには何が大事なのか。何がそれを妨げているのか。妨げるものをのりこえる「知恵」とは何なのか……そんなことを、あなたといっしょに考えていきたい。


コペル君の話を書いた吉野源三郎さんは、最後に、このように読者に呼びかける。「君たちは、どう生きるか」と。

ぼくらは、あなたに、こう呼びかけたい。「ぼくらは、どう生きるか」と。

あなたも「ぼくら／わたしたち」と言って、ぼくらの「教室」に車座になって座ってくれることを願いながら。


風巻浩（かざまきひろし）　金迅野（きむしんや）

この本では、朝鮮半島が分断され1948年に成立した「大韓民国」と「朝鮮民主主義人民共和国」の略称として、それぞれ「韓国」「北朝鮮」を原則として使用します。ただし、日本のマスメディアやインターネット上では侮蔑的に「北朝鮮」が使われることが多いので、この言葉に差別的なニュアンスを感じる人もいます（韓国では「北韓」と呼び、北朝鮮の人は「共和国」と略すことが多いです）。また、李王家が支配した独立時代と、1910年以降日本の植民地とされた時代については、時代区分および地理的名称として「朝鮮」を使います。現代の両国をさして「コリア」も使います。

植民地時代は「朝鮮」の人びとも日本国籍をもっていましたが、それ以前から朝鮮半島に暮らしていた人や、日本に渡った人もふくめて「朝鮮人」と呼ぶことにします。この言葉も、植民地時代に日本人がもった差別意識のなごりで、差別的ニュアンスを感じる人がいることに注意してください。1945年の解放後も日本で暮らした朝鮮の人びとを、その子孫もふくめて「在日コリアン」または「在日韓国・朝鮮人」と呼びます。

この本の中では、過去にあった差別や、現在もおきている差別・ヘイトスピーチの実態を理解してもらうために、「差別語」とされる言葉や表現を一部で使っています。このような言葉に日常生活でふれることがあったら、「それは差別語だから使わないようにしよう」と伝えてください。差別をする人は「表現の自由」の名を借りてそのような言葉を使いますが、人を意図的に傷つける言動によってほんとうの「自由」がどんなふうに壊されているのかを示すために、どうしても使わざるをえないときのみ使いました。それでも、これらの言葉で攻撃されてしまう人にはショックをあたえるかもしれません。ごめんなさい。こんな言葉がない世界をつくるための使用だと理解してください。

ヘイトをのりこえる教室　目次

第2部 差別の歴史の上に立つぼくら

第 1 部

ヘイトって
なんだろう?

1時間目 見えないものを見ること
――この本を読むための助走として

金迅野

1 見えないものを見る、「それぞれだね」を超えること

このイス、好き？ 嫌い？

ぼくは63歳。それなりにいろいろな経験をしてきた。そのなかでも、まずかった、失敗だと思ったような経験から学んだこと、「ほんとうはどうしたらよかったのだろう」と思いながら考えたことなんかを、「これ、どうだろうね？」とあなたにも

図1　公園のベンチ

問いかけながら、いっしょに考えたいと思う。答えはすぐに出ないかもしれないし、すぐに出そうと思わなくてもいいから、リラックスして聞いてほしい。

1枚目の写真（図1）。このイスを見て、何か感じるだろうか？

この写真について、いろいろな人に意見を聞くと、「手すりがあるから座り心地がよさそう」とか「電車でもシートの色が分けてあると詰めて座れるから、手すりがあると詰めて座りやすい」とか、いろいろな意見が出た。いろんなふうに見えるのだと思う。ぼくはJR川崎駅の近くに住んでいるのだけれど、気がついたら家の近くの公園のベンチは、ほとんどこのようになっていた（図2）。あなたの家の近くではどうだろう。

何が言いたいかというと、写真に写っているベンチは、この手すりや突起が作られる前には、だれかにとって夜寝るときのベッドになっていたかもしれないということ。ただし、天気が悪くなければ。

そのだれかにとっては、手すりのあるこのベンチは便利そうとか座りやすいとは見えない。「ああ、おれに『ここで休むな』と言っているのだな」と思うだろう。野宿生活に追いこまれた人たちに毛布やレモネードを配りながら、健康状態を確かめて

図2　別のベンチ

歩く活動をしていたときに、そういう話を聞いたことがある。

同じものを見ても、人によってちがうふうに見える、ということがある。そんなこと当たり前でしょ、と思うかもしれないね。ものの見えかたは「人それぞれだね」で話が終わってしまうことも多い。でも、ここで考えてほしいのは、同じものを見ても、ちがうように見えてしまうのはなぜなのか、ということ。

この問いの答えは出てきにくいかもしれない。友だちとのあいだでも、同じものを見ても「あいつ、こんなふうに感じるのか」と、ちょっとした発見のような経験があるかもしれない。そのちがいがそれほど深刻ではない場合はいいのだけれど、たとえばだれかにとって、このイスの変化は重大なことなのに、ほかの人には「まあ、いいんじゃない？」と思えてしまうような場合。多くの人が「いいのだ」と思ってしまうと、ベンチに横たわって休むことができなくなった人の気持ちは、だれが「掬(すく)う」のだろうか。

「ちがうふうに見えるということが、けっこう考えなくてはいけないことをふくんでいる場合がないだろうか」。それがぼくの話の主題です。

なんでもない空間にまつわる記憶

それでは、次の写真を見てみよう（図3）。これは何だかわかるかな？

川崎駅の地下街に行くところにある、壁の脇の小さなスペースで、ここに自転車を止めるなという看板がある。その裏手のちょっとしたスペース。ここは駅前なので、たくさんの人が通る。

これはもう何年も前にぼくが撮った写真だ。ふつうの人には、なんだかよくわからない写真だろうけれど、ぼくはどうしても撮らなくてはならないと考えたんだ。

クリスマスのちょっと前の寒い時期。このポカンと空いたスペースは、じつは、ある人が毎晩段ボールで「家」を作って寝ていたところなんだ。ぼくは、何回かしかその人と話をしたことがなかった。この写真を撮った3日くらい前に、その人はここで凍死してしまった。だから、ぼくにはいまでも、ここはただの空間には見えない。でも、ここを通りすぎる多くの人にとっては、ぜんぜん意味のないものだっただろう。

すべての人がこの空間の意味をわかるというのは、ありえないことだ。でも、だれもそのことに気づかなかったら、あの人のことはだれが「掬う」のだろう。記憶として「掬う」ということ。このような人がいたのだということを。

こう言うと、なにか「ぼくはすごいでしょ、ぼくには見えるんだ」って言っているように感

図3　駅前の空間

じるかもしれない。ぼくが言いたいのはむしろ、あなたにはわかっているけれど、ぼくにはまったく引っかからないような、残念なことはたくさんあるかもしれない、ということ。そう考えると、そういう次元では、あなたとぼくはあまり変わらないといえる。そのようなことを踏まえて、話を聞いてほしい。

2　林賢一くんのこと

賢一くんの家出

ひとつエピソードを紹介したいと思う。中学1年生の男の子の話。林賢一くんという人です。

6月18日、賢一くんは家出をした。お母さんが探したけれど見つからない。応接間の机の上に、「いろんなヤツにいじめられて、学校に行くのがいやになった。生きるのもいやになったから、ぼくは死にます」という書き置きがあった。「さよなら、みなさん」とも。

お母さんは一所懸命探したけれど見つからない。担任の先生にも電話して相談して、警察に探してもらう前にいっしょに探したけれど見つからない。いよいよ警察に電話をしようかと思ったころ、夜8時ぐらいになって、家のドアが開いて賢一くんは帰ってきた。話を聞いたら、自分の家の近くのいちばん高いマンションの屋上まで上って、飛び降りようとしたのだけれど怖くなって帰ってきたという。「怖かった」「下を見ると怖くて飛び降りられなかった」。そう話す賢一くんは、汗びっしょりになっていたという。

その後もいじめは続いたようで、9月、一度は思いとどまった同じ場所から、賢一くんはとうとう飛び降りて亡くなってしまった。翌日、学校でその話を聞いた同級生のある生徒がしたこと、想像できるかな……。これはほんとうの話なのだけれど、「バンザイ」って叫んだっていうんだ……。

「追悼文（ついとうぶん）」が書かれたけれど

10年くらい前にアメリカのニュースを聞いたことがある。いじめを苦にして飛び降りて亡くなった人について、仲間内のメールで「彼女、死んだんだって、超ハッピー！」っていう書き込みがあったという話だった。このニュースを見たとき、ぼくはドキッとしたし、心がザワザワしたし、気持ちがほんとうにザラザラして、賢一くんのことを思い出した。賢一くんの話は、じつはぼくが学生のころの1979年におきた事件。でも、いまの大学生や高校生にこの話をすると、「昔のことと思えない」という意見がけっこう出る。この世の中、何が変わって、何が変わっていないのだろう。

賢一くんが自死したあと、クラスでは「追悼文」が書かれたらしい。内容はおおまかに三つに分けられるという。

①「たしかにいじめたけど、なにも死ぬことはないじゃないか」

②「賢一くんがいじめられていたのを黙って見ていたことへの反省」

③「なぜ死んだのか」「死ぬなんてつまらない」「相談してくれればなんとかなったのに」というもの。

でも、これらのどれにも属さない追悼文が一通だけあったという。それは「『ぼくの大好きな林君……』から始まって、その友人であった賢一君の死を悼(いた)む唯一の文章」だった(金賛汀『なぜ先生は見殺しにしたのか』などを参照)。

「いじめ」? それとも「民族差別」?

ところで、林賢一くんの事件は長いこと「いじめ」と認められなかった。賢一くんが自死した5日後にひらかれた「父母会」では、「マスコミに騒がれて迷惑している」とか、「林さんのところも騒ぎすぎる」「林さんの家庭に問題があるのではございません? いろいろと親御さんに問題があるようですが……」なんて言う人もいたという。

いまでも、そういうふうに、おきたことが深く受けとめられるどころか、「いじめ」があったことさえ認められずに、悔しい思いをした人たちのニュースに接することがある。先に述べた生徒たちの「追悼文」もそうだけれど、なぜ、同じことがらを見たり接したりしているはずなのに、そこに向かう人間の姿勢に、こうもちがいが出てきてしまうのだろう。

じつは、賢一くんは「在日コリアン」だった。本名は林賢一（りむひょんいる）。在日2世だ（「在日」がどういう人たちかについては、あとで説明していきたい）。先の父母会で言われた「家庭に問題がある」というのがどういう意味なのか不明だけれど、賢一くんへのいじめの中では、「壁」とか「林屋こじき商店」とか、「ゾーキン」「家出っ子」「自殺野郎」などの言葉が投げかけられたり、集団で暴行が加えられたりした。学校は当初は「いじめ」を認めていなかったけれど、結局は認めることになった。彼を追い込んだことを跡づける言葉には、「朝鮮人だからやっつけてもよいということになっていた」というものもあったらしい（「婦人民主新聞」1980年4月11日付）。いじめた人たちは、彼が「朝鮮人」であったことはもちろん知っていた。そして、この事件に関心をもつ人のなかには、これは「いじめ」なんかではなく、在日コリアンに対する民族差別だと訴える人たちもいて、大人たちのあいだに深刻な葛藤（かっとう）が生じたんだ。

「どっちかに決めなくちゃいけねーの？」

ところで、賢一くんの自死は「いじめ」なのだろうか。あるいは「外国人差別」なのだろうか。あなたは、どっちが正しいと思うだろう？　たとえば、学校の先生たちの研修でこの話をすると、「いじめ」だと答える人が多い。より普遍的で、根本的なのは「いじめ」という切り口だと考えたのだと思う。

ある学校で、高校生たちに林賢一くんの話をしたことがある。あまり集中して話が聞けない生徒もいるなかで、いちばん前の女子生徒はガムをクチャクチャ嚙んでいた。でも、賢一くんが亡くなったことを聞いて「バンザイ」をした人がいた、という話をしたあたりで、その生徒のガムを嚙む速度が遅くなっていたんだ。聞いてくれている、とぼくは感じた。それで、その人に「あなたなら、二つの立場のどっちが正しいと思いますか」と質問してみたんだ。その人は何と答えたと思うかな……。

その人の答えは、「それって、どっちかに決めなくちゃいけねーの？」

すごい！　とぼくは思った。知的だな、と思った。これは昔から言われていることでもあるのだけれど、場合によって、「問いそのもの」を疑うべきではないか、とぼくは思っていたからだ。「どっちが正しい？」と聞かれると、ぼくたちは学校の教育に慣れてしまってるから、どちらかが答えだとつい思いこんで、マークシート方式のように選ぼうとしてしまう。

続けて、ぼくはその人に、「どうしてそう思ったの？」と聞いた。するとその人は、「だって、そんなのどっちが正しいとか言ってる場合じゃないだろ。そこに賢一くんがいるのかよ！」

ぼくは、なんだか叱(しか)られているような気になった。自分のことではない賢一くんのことを、その生徒と同じくらい「本気で」話せていただろうか。ほんとうにそう思った。そのくらい、その人の本気度（もはや無関心ではないということ）が伝わってきたんだ。

3 indifferent（インディファレント）（無関心である）ということについて

「ちがいがない」＝「無関心」？

英語で無関心であることを「indifferent」って言う。分解すると「in」と「different」。in は「不可能（impossible）」とか「信じられない（incredible）」などと使われるように、否定を意味する言葉。different は「ちがう」ということ。では、「ちがうということがない」ことが、なぜ「無関心」という意味になるんだろうか。

人はだれかを好きになることがあると思う。もしあなたにもそんな経験があれば、その人が、どんなふうにあらわれたかを思い出してほしい。「ひとめぼれ」の経験のある人は、ある日突然、光が走って「その人があらわれた」と感じたかもしれない。ある人は、つきあいは長いのに、ある日突然「??」って、いままでにない感じになって、「なんだか好きかも」となったかもしれない。ぼくはそのどちらも経験したけれど、共通していることがある。つまり、その人がそういうふうにあらわれるまでは、「女子一般」だったり「男子一般」だったりしていたんだと思う。でも、その人があらわれた瞬間、その人は「一般」ではなくなって「特別」な人になった。もっというと、なんだかわけはわからないけれど、「かけがえのない人」になってしまったのではないかな。人間には、そういうことがおこると思う。

「一般」には、極端にいうと「顔」がない。そこには一人ひとりの大事な「ちがい」は認められない。だから数で数えたり、計ったりもできる。「一般」とはそういうもの。統計の数字にはめこまれたとき、そこに集約された個人のちがいは重要視されない。つまり、「特別」だったり「かけがえのなさ」だったり、「一般」とちがう一人ひとりの「かけがえのなさ」が「ない」状態が積み重なったり、当たり前になったりしたときに、人の心は限りなく「無関心」に近づいてしまうのではないだろうか。

「indifferent」にはそういう意味があるんだと思う。

ぼくの心に刻まれてしまった、ぼくの心の中の indifferent な部分

その日、ぼくは大学で講義をするために電車に乗っていた。午後の1時か2時くらいだったと思う。ぼくが乗っていた品川から池袋に向かう山手線が、原宿駅に着こうとしていたとき。急ブレーキがかけられて、ものすごい音をたてて電車が停まったんだ。立っていた人は、やっとのことで転ぶのをまぬがれたような感じ。すぐに車掌さんからこんなアナウンスが流れた。「ただいま当車両にお客様が飛びこまれ人身事故が発生いたしました。事故処理のためにしばらく時間がかかるものと思われます。お急ぎのところたいへん申し訳ありません。心よりお詫び申し上げます」

「処理」という言葉や、遺族でもないのに「お詫び」という言葉を使うことに心がザラッとしたのを覚えている。目の前のサラリーマン風の人が、すぐに携帯で電話をかける。「乗ってる電車が人身事故にあってさ。そう、乗ってる電車が人をひいたわけ。血？　血とかは見えないけど、会議遅れるからよろしく言っといて……」

ななめ前方の、女子高生と思われる集団のひとりはめちゃくちゃ怒っていた。「何やってくれてんだし。超KYじゃね!?　彼氏待ってんだけど。もうわたしの人生終わった！」

ぼくの隣に座っていた、ぼくと同じくらいの年頃の女性ふたりは、「ねえ」「まったくねえ」

なんて言ったあと、夕飯のメニューの話をしていた。ぼくが見た車両の中の風景。

ここまで話すと、なんか偉そうに「観察」してるなあって感じる人もいるかもしれない。でも、ぼくが言いたいのは、この「観察」をする前にぼくがとったアクションなんだ。ほんとうに一瞬のアクションなんだけど、なんだかわかるかな？　それは、車掌さんのアナウンスの直後にしたことなんだ。さっき「心がザラッとした」って言ったけれど、その前に一瞬ぼくがしたこと。

こうやって訊くと、ある人は「金さんは牧師だから、祈ったのではないですか」と言ってくれたりするんだけれど、残念ながらそうではなかった。ぼくがしたことは、「チェッ」って舌打ちをすること。ほんとに短い時間だったけれど、その一瞬に、ぼくは「これから講義のために何百枚という資料を刷らなきゃいけないのに、間に合わないかもしれない」と思ったんだ。ちがう言葉で言うと、ぼくはその一瞬、ぼくの仕事と、自死したひとりの人のいのちを、天秤にかけたんだと思うんだ。

こういうふうに言うと、「自分を追いこみすぎですよ」と励ましてくれる人もいるんだけど、ぼくは、いまでもぼくの心に刺さっているこの棘を、簡単に抜いてはいけないと思っている。

そこで自死した人のことを、ぼくはもちろん知らない。だから「一般」に落としこむのは簡単なことだし、多くの場合、知らない人のことを深く考えたりしないでぼくらは生きている。

でも、考えたんだ。その人はどんな人だったかなって。生まれたときは、だれかに祝福されたのではなかったかな。小学生のとき、かけっこは何位だったかな。運動会でだれとお弁当を食べたのかな。どんな夢をもっていたのかな。中学生のときに、その夢は変わっただろうか。好きな人はいただろうか。告白はできたのだろうか。高校や大学には行ったのだろうか。どんな部活をし、どんな友だちがいたんだろうか。あるいは、なかなか友だちがつくれなかったかもしれない。今日いのちを絶ったその人は何歳だったのだろう。どうして、そこまで自分を追い詰めたのだろう。何がその人をそこまで追い詰めたのだろう。昨日、あるいは数分前まで、彼の話を聴いてくれる人はいなかったのかな。それはどうしてだろう。その人にとって「かけがえのない人」はだれだったのだろう。その人を「かけがえのない人」と思えた人は何人いたのだろう……。

4　人間が透明になるということ

クラスの中の透明人間

なにかを考えて、それを他人に伝えるために、人間は「いじめ」「外国人／民族差別」などの「概念」というものを生むけれども、賢一くんの事件をめぐっては、概念のほうが大事になってしまって、もともとのことがらのほうが放っておかれてしまうという逆転がおきてしまったようだ。先に紹介した、ガムを噛んでいたのに途中から本気になった人は、概念なんて言葉は使わなかったけれど、とっても大事なことをぼくに教えてくれたと思っている。

中井久夫という精神科医がいる。阪神淡路大震災がおきたときに、ボランティア組織をつくって貴重な働きをした人。その人が言うには、いじめは最初見えやすい。元気が急になくなったり、なにか持ち物を探したり、ひとになにかを持たされることが多かったり、ちょっとした傷が絶えなかったり、目の力もなくなったりするから。でも、「いじめはだんだん透明化して、まわりの眼に見えなくなって」ゆくというんだ。

人間は、いじめられてぼろぼろになって、ギリギリのところまで追い詰められると、「いじめ」を指摘する人に対して、逆に「そんなことはない！」と怒ったりして、よけいに見えなくなるらしい。その怒りは、「なにをいまさら」という極限の悔しさや、あきらめから来るものらしい。

そのこととは別に、いじめられた人が最後の最後、それでも力をふりしぼってやろうとすることがあると、ぼくは思う。それは、笑うこと。「へらへら」って、はたから見るとそんなふうに見えるかもしれない笑い。その笑いは、その人のギリギリの尊厳を保つために、「何でもないよ」ということを表示するために浮かぶものかもしれない。

自分がいじめたり、いじめられたりしたときの、ぼくにいじめられた人や、いじめられたぼくの顔に浮かんでいた表情を想いおこす。表面的にしか理解できない人は、その笑いを見て「なんかちょっと元気になったみたい」と勘違いしてしまうかもしれない、そんな笑い。そうやって追い詰められた人間が、最後の最後に力をふりしぼることで「見えなくなる」ということがある。その人の、声にならない叫び声が聞こえなくなることがある。

自分だったらその状況のなかのどこにいるかを想像／構想する

なぜこのことを話したかというと、ここまでの話を聞くと、だいたいの場合「だからいじめはいけません。平和な世の中になってほしいです」という感想を寄せてくれる人が多いからなんだ。それ自体は悪いことではないのかもしれないけれど、何かが足りていないと思うんだ。

そういう一般的な感想より大事だとぼくが感じているのは、たとえば「賢一くんのクラスに自分がいたとしたら、どこにいて何をするか／できないか」と考えることだ。そして、自分ならどんなふうに、どんな筆圧で「追悼文」を書いただろうかと、せいいっぱい想像してみることだ。そのことを考える／想像することのほうが、「いじめはだめです」と、自分は弾に当たらないところで、つまり痛くもかゆくもないところで、さらさら書くことより、よっぽど大事だと思うんだ。

そして、これも同じくらい大事なのだけど、それをだれかに言わないでいい状態で考えること。自分の部屋とか、ひとりになったときに、そっと考えること。ごまかせない、ごまかす必要のない時と場所で、静かに考えてみるということだ。

ぼくみたいな人間は、たまに人前で話すことがあるから、正直、ついついかっこいいことを言いたくなってしまう。ずるいところがある。でも、ほんとうに本気になっていない、ただ「いじめはだめです」って、そういう宣言のような立派な言葉じゃなくて、自分ひとりで、だれにも言わなくていい状況で、自分に対してごまかせない状態で、わたしは正直どうするのだろう、わたしはどんなことができるだろう、どんなことができないだろう……そのことを考えることが大事だと思うんだ。

試験問題の正解のような、あらかじめ決まった答えをいっぱい書いても意味があまりないんじゃないか。ことがらには、そういう「答え」がそぐわないことがあるんじゃないか。そんなことでは世の中は変わらない、いや、そもそも自分が変わるということがないのだと思う。むしろ、多くの「正解」をたくわえようとすることで、自分が変わるきっかけが失われてしまうように思う。

だれにも言わないでいい状態で、一所懸命、ひとりで何かを考えていくこと。だれかの意見を鵜呑(うの)みにして流されるのではなく、自分ならどうするだろう、賢一くんのような人の気持ちってどうなのだろう、そばに賢一くんがいたとしたらわたしはどうするんだろうと、そのことがらの中に入りこんで、想像して考えて、自分がゆらゆら揺れ動くことのほうが、よっぽど大事だと思うんだ。それが「かけがえのなさ」に気づく第一歩だと思うから。

2時間目 多民族・多文化のまち川崎での出会い

風巻浩

1 新米教師時代の「事件」

マッキーと呼ばれて

まずは、自己紹介からはじめよう。ぼくは39年間、高校で教師をしてきた。そのうち35年間は生まれ故郷の川崎市で教えてきた。さまざまな経験のなかで、心にひっかかってきたこと、あなたと分かちあいたいことを話していこうと思う。

川崎には、在日コリアンをはじめ外国にルーツをもつ人びとが多く住んでいる。思い出深い教え子もいる。東南アジアから難民として日本にやってきて、神奈川県内に定住した子どもたちとも、いまから30年ほど前にかかわりをもつようになった。この本をいっしょにつくった金迅野さん（以後はふだん通り「迅野さん」とお呼びしたい）と知りあったのもそのころだった。

教員生活の後半20年は、川崎や横浜の高校生たちと、韓国の高校生や、日本国内の朝鮮学校の高校生が出会う「ハナ」という交流活動をおこない、これは高校教師を辞めた現在も続いている。これらのことは、後の章でくわしく話したい。

教員生活の後半、ぼくは「マッキー」と呼ばれていた。いや、正確にいうと「マッキーと呼んでね」と、はじめての授業のときに自己紹介をしてきた。

教師になった最初のころは、どうやって教師としての「権威」をつけるか、ということを考えていた。若造だったということもある。「生徒になめられてはいけない」といった感覚をもっていた。

でも、あるとき尊敬する先輩教師から、自分を「わたちゃん」と生徒に呼ばせている、という話を聞いた。生徒の発言をうまく取り入れ、わかりやすく楽しい授業をしていた先輩だった。ふんぞり返って一段高いところから生徒を見おろすような関係ではな

新米教師のころ

く、同じ高さの目線でフラットな関係性をつくることに、あだ名は力をもつのだということを、わたちゃん先生から学んだ。実際、当時の先生は、黒板の前で一段高い「教壇」に立って授業をするのが一般的だった。

パウロ・フレイレというブラジルの教育学者がいる。彼がダメとする教育が『被抑圧者の教育学』という本で紹介されている。それは、こんな教育だ。

「教師がしゃべり、生徒は耳をかたむける。おとなしく」「教師が選択し、その選択を押しつけ、生徒はそれにしたがう」「教師は、知識の権威と彼の職業上の権威を混同する。その権威と生徒の自由とは根本的に対立する。生徒はすべてについて教師の決定にしたがわなければならない」……（訳は里見実『私家版　被抑圧者の教育学』を参考に風巻訳）。

フレイレは、このような教育のありかたを「預金型教育」と名づけている。生徒の頭をからっぽの壺のようにして、そこに知識という「お金」を貯めこんでいく。貯めれば貯めるほど、生徒も喜ぶし、教師もやりがいを感じていく。そんな教育だ。どうだろう。これまであなたの受けてきた教育は「預金型教育」ではなかっただろうか。

フレイレの本を最初に読んだときは衝撃だった。ダメ出しをくらった、と感じた。これは、ぼくのことを言っている……。フレイレはこう続ける。教師と生徒とが、フラットなかたちで出会う、対話的な関係性が大事だ、と。肩の荷がおりた気持ちになった。そう、「先生づら」

をしなくていいんだ、と悟った。

落書き事件

フラットで対話的な関係をつくるきっかけとして、マッキーと呼んでね、と最初の授業で話そうと、新しい学年をもつときに何回か考えた。でも、最初はちょっと恥ずかしくて、なかなか踏ん切りがつかなかった。あだ名で呼んで、とまだ言えなかったころ、つまり、まだ「先生づら」をしていたころ、ある「事件」がおきた。

通勤に使う駅のホームに「風巻死ね」という落書きが、似顔絵とともに書かれていたのだ。いまでも思い出したくないし、じつはできるだけ忘れようとしていた。一回だけの「ヘイト」落書きでも、こんなにも心の傷になるのだから、ネット上で何万回と名指しのヘイト書き込みがあったら、それは考えられないほどの重さでその人にのしかかり、深い傷となるだろう。

心当たりはあった。そのころ、ぼくの勤務校には軽音学部が二つあった。正確にはロック部とフォークソング部だった。それぞれ、ぼくが高校生のころからあった部活で、ロック部を創設したのは、じつをいえば高校時代のぼくだった。

母校の教員として赴任したころには、生ギター一本で歌うといったフォーク・スタイルは流行りではなくなっていて、フォークソング部も、やっていることはバンド編成でロック部とあまり変わらなかった。ロック部の顧問だったぼくは、自分がつくったロック部の伝統を考えて、フォークソング部がバンド音楽をすることには反対だった。しかしフォークソング部の部員たちは、そうは思わなかったのだと思う。おそらく、その反発からの落書きだった。

教師は、教師の立場にあるだけで権力をもってしまう。それを誇示するのでなくても、生徒は教師の権力に反発する。そんなことを実感した「事件」だった。

このこともあり、しだいに、ぼくは生徒との関係性を変えていった。それは、フレイレの言うように、生徒とのフラットで対話的な関係を大事にするというスタイルだった。肩の力を抜いたとき、生徒との新しい関係がひらけていった。この本を読んでいるあなたとも、そんな対話的な関係をつくっていけたらいいと思う。

2 「日朝歴史を考える会」と在日コリアン生徒との出会い

朝鮮人砂利労働の掘り起こし

落書き「事件」のあったころ、クラブ活動としておこなっていたのが「日朝歴史を考える会」という活動だった。発案者はMさんという生徒。Mさんは、日本人のお父さんと在日コリアンのお母さんの子どもだった。川崎の南部に在日コリアンが多く暮らす桜本(さくらもと)という地区がある。彼女はそこの出身だった。日朝歴史を考える会ではさまざまな活動をしたが、そのひとつが、高校周辺地域の朝鮮人労働者の歴史の掘り起こしだった。

川崎市には、戦前から朝鮮人が多く暮らしていた。その理由のひとつは、日中戦争からアジア太平洋戦争という戦時下に、川崎南部の京浜工業地帯を中心に、製鉄などの戦争のための工場が建設され、そこでの労働者として人びとが引き寄せられた、ということがある。そして、それ以前から、多摩川の砂利採取の労働者としても朝鮮人は川崎に在住するようになっていた。川底の砂利の採取は、冬の冷たい水の中でも働く厳しい労働だった。そのような砂利採取場と、朝鮮人労働者の集落が、ぼくらの高校のすぐ裏手の多摩川の堤防内にあったのだ。

砂利は線路やコンクリートの建物の建設に必要とされる。あなたが多摩川の周辺に住んでいるとしたら、いつも乗っている電車の線路は、もともとは朝鮮人の労働のおかげで敷設(ふせつ)されたといっていいかもしれない。かれらが採取した砂利の上に線路が敷設され、その先端までトロッコ(運搬車)で砂利が運ばれ、そこにまた線路が敷設されることをくりかえし、現在ある路線のもとになっていった。

調査当時はすでに日本鋼管（現在のＪＦＥスチール）などの企業の所有するグラウンドになっていて、人びとが住んだ痕跡は見つけられなかった。しかし、生徒たちが通学で乗り降りするＪＲ南武線の宿河原（しゅくがわら）という駅から、多摩川の方向に同じ半径でカーブする道は、かつてそこに、砂利を積んだトロッコが河川敷から引かれてくる線路があったことを示すものだった。

クラブの生徒たちは、少女時代に宿河原の集落に住んでいたハルモニ（おばあさん）に出会うことになった。ぼくが「宿河原の砂利採取と朝鮮人」という文章にまとめることになる高校生たちとの聞き取りから、１９３８年～40年ころの朝鮮人の生活をみてみよう。

河原では牛が砂利を運んでました。河原にはバラック（夜露をしのぐだけの粗末な家屋）が8世帯ありました。山（高校のあった場所のこと。ここは小高くなった雑木林だった）の杉の木の葉っぱを焚（た）きつけに使いました。コークスや石炭（トロッコを引く蒸気機関車の燃料）を拾ったこともありました。

トイレは共用でした。そこから野菜に使う下肥（しもごえ）（人の糞尿から作った肥料）をとり

右の道が砂利を運んだ線路の跡

ました。浸水しましたが大雨の時も逃げませんでした。とんちゃん（ホルモン）売りは朝鮮人でした。唐辛子を植えていました。正月にはノルティギ（シーソーのような板の両端に立って交互にジャンプする朝鮮の遊び）をやりました。

グラデーションとしてのアイデンティティ

この「日朝歴史を考える会」の発案者だったMさんは、自分の「二つの血」に悩んでいた。ぼくの授業に関して、自由に書きたいことを書く「世界史ノート」に、台風に見舞われた沖縄修学旅行のあと、彼女は以下の文章を記した。少し長いけれど、たいせつなことを述べていると思うので引用しよう（文中にある「指紋押捺拒否」については4～5時間目で）。

私は、長いこと二つの血の間に立って悩んでいた。私の中で、日本と朝鮮は、いつも対立する関係にあった。それは、父と母の結婚に両方の親戚一同ともに猛反対したという話を聞いていたコトや、母を含む在日の人たちの指紋押捺拒否などが、いつも頭のなかにあったからだと思う。とにかく、私は、日本と朝鮮の板ばさみになっている気がして苦しかった。

私が沖縄にタフさを感じたっていうのは、琉球は二つどころではなく、もっとたくさん、複数の文化の間に自身をおいているのに、板ばさみになげくこともなく「琉球」が発展していったことにある。私と琉球では何が違うんだろ？　何か発想の転換が必要なはず……って考えてたら、台風に襲われたわけだけど。私はやっと気づけたんだ。

わかった。알았습니다（アラッスムニダ）。アイハブジャストファウンドイット。私は「日本」か「朝鮮」のどちらかではなくて、その「間（あいだ）」にいていいんだ。「間」こそ私の求めていた究極の生き方だっっっ！！！　てことがわかった。

こんな収穫を得て、修学旅行から帰ってきてしばらくたって、風巻先生のある文章の一節に目が止まった。心まで止まっちゃうかと思うほど、なるほどなぁと思ったから、ちょっと引用させてもらってもいいですか？「うーん、いいよぉ」（↑先生のまねをして言ってみた）こんな文だ。

「……つまり、『日本人』か『朝鮮人』か、という単純な二者択一ではなく、その両者の間にグラデーションのように、無数のアイデンティティのあり方があってよいのではないか……」

ありがとォ先生。これだけ明確に答え合わせができたのは生まれてはじめてかもしれない。さらに「グラデーション」。私は「間」の生き方を自分にしか当てはめていなかったけど、グラデーションと表現すると、だれにでも当てはめることができそうだ。日本人として生きること、朝鮮人として生きること、その間にたくさんの日本人っぽかったり、朝鮮人風だったりする生き方なんてのがあるってことは、それは単に在日だけがそういうグラデーションにいられるのではなくて、日本人でも、例えば朝鮮の音楽に興味をもったりとか、朝鮮文化が好きだとかいう人がいたら、その日本と朝鮮の間のグラデーションの一部になれるってことだと思った。けど、そういうグラデーションでいいのかな？　以上、「沖縄修学旅行で考えたコト」でした。

アイデンティティとは、「自分とは何なのだろう？」と考えるときのもとになるものなのだけど、それは、ひとつに決めなくてはいけないのではなく、虹のようにグラデーションとして、無数のありかたがあっていいのだということ。そして、いくつものアイデンティティを使うこともできるということ。文化が混ざりあっていくことは素敵なことなんだということ……。そのころ、そんなことをぼくは考えていたが、彼女が悩んでいたことに、それがうまい具合にあてはまったようだった。

世界史ノートでの本名宣言

同じく在日コリアンのYさんも、いっしょに「日朝歴史を考える会」の活動をしていた。彼女はMさんと同じクラスで、ぼくが世界史を教えていた。それまでは日本的な名前（通称名）を学校で使っていたYさんは、なんと、前記の世界史ノート上で「本名宣言」（自分の本名を周囲に伝える）をすることになった。そのノートを紹介する。

〔本名宣言を以前は不自然だと思っていた、という話に続いて〕私は考えが変わりました。問題は不自然だとか、そういうことにあるのではなく、勇気をもってそれを明かすことが、何かの出発点になるのではないかと思ったのです。何か、とは、例えば権利を勝ち得ることであったり、もっと大きく言えば、差別をなくすことであったり。私たち在日韓国・朝鮮人をはじめとする在日外国人の人々、そして、この世で差別を受けている人々の求めるものは、本当にささやかなものだと思うのです。そして当たり前のことであり、大切なことなのです。

私は、この問題を、人まかせには決してしたくはありません。大人がしっかりするべきだ、解決するべきだと言うのはおかしいと思います。私たちもこの問題を一緒に解決していくべきなのだと思います。

一度でいいから、チョゴリを着てみたいですね。↑別に先生も着たいでしょ、と同意を求めてるわけではありませんよ。

私の名前は○○○です。これが、もっと大きな声で言えるような勇気を持ちたいです。

「日朝歴史を考える会」のメンバーとは、ほかにも、アリラン祭という朝鮮の文化を継承していこうとする地域の高校の合同文化祭に出演し、ぼくも高校生といっしょにチャンゴという朝鮮の太鼓を踊りながらたたくことにもなった。そして、いちばん心に残っていることが、次に述べる社会科講演会だった。

「アリラン祭」に出演した生徒たちと

元日本軍「慰安婦」ハルモニの講演会での涙

そのころ勤めていた川崎市内の高校は社会科スタッフが元気で、「社会科講演会」という自由参加の生徒向け講演会を定期的にひらいていた。なるべく高校生が関心をもちそうな方に講師をお願いして、全校に参加をつのった。「お客さん」が集まらなくなったらやめよう、と言っていたが、幸いなことに当時

李玉先ハルモニのお話を聞く高校生

の高校生は社会的な関心を捨てることはなかった。

そのなかで、いちばん思い出深いのが、植民地時代の朝鮮で日本軍「慰安婦」とされた李玉先（イオクソン）さんが来日した機会に、学校に来ていただいておこなった講演会だった。

社会科教室が満杯になるくらいに生徒が集まった。17歳のとき、中国東北部（「満洲」）の日本軍「慰安所」に連行され、兵士を相手に性的な関係を強要された、と玉先ハルモニは静かに話をされた。

ある女生徒が感想を書いた。「テレビの映像では、慰安婦ハルモニたちは日本政府への抗議で怒りを顕（あら）わにしているイメージだった。それに共感できない自分がいた。でも、今日、ハルモニは『あなたたちが悪いわけではない』と微笑（ほほえ）んでくれた。ごめんなさい。ハルモニ……」。

ハルモニのお話の後、前述の「本名宣言」をした在日コリアンのYさんは、涙ながらにこう語った。「自分のハルモニは日本に来ていたから大丈夫だったが、もし朝鮮に残っていたら、いまのわたしはいなかったかもしれない……」

教え子の人生と、北東アジアの歴史が重なった瞬間だった。

3　川崎を襲ったヘイトデモ

桜本がヘイトデモのターゲットに

そんな多民族・多文化の歴史をもつ川崎市で、ぼくは高校生たちといっしょに歴史や国際協力の学びを重ねていった。けれど、2010年代になって、川崎の街は思わぬかたちで全国の注目を集めることになってしまった。

それは、在日コリアンに対する差別や憎悪をあおる卑劣（ひれつ）なヘイトデモ、ヘイトスピーチのターゲットにされたことだ。日本と韓国のあいだの歴史認識の問題や領土問題などを通じて形成された「嫌韓」意識を背景に、2013年ごろから、新大久保（東京都）や川崎（神奈川県）、鶴橋（大阪府）など、韓国・朝鮮に縁のある地域をターゲットにしたヘイトデモがおこなわれるようになった。

2015年には、国会で審議されていた安保法制に反対して、川崎の桜本に住むハルモニたちが「戦争は差別を生む」とデモをしたことが報道されると、それまでの川崎駅前ではなく、在日の人びとが生活する桜本の住宅地域をターゲットにしたヘイトデモがおこなわれてしまった。前に述べたMさんの家族も暮らす街だ。そのときは、ヘイトデモに対抗して声をあげる「カウンター」と呼ばれる人びとが結集して、車道に横たわるといった捨て身の行動もあり、桜本地域にデモ隊が入ることは避けられた。

一度はデモを防ぐことができたが、次のデモが予告されたので、さまざまな人びとによって「ヘイトスピーチを許さないかわさき市民ネットワーク」が設立され、ヘイトデモに対抗する体制がつくられていった。後でくわしく述べるように、桜本にある川崎市ふれあい館と、その館長である崔江以子（ちぇかんいぢゃ）さんが、深刻なヘイトスピーチやヘイトクライム（差別意識にもとづく犯罪）のターゲットにされていくことになるのだが、このネットワークの集会で、崔さんの息子で当時中学1年（13歳）のNさんが、こう語った（神奈川新聞「時代の正体」取材班『ヘイトデモをとめた街』および同紙記者の石橋学さんのお話から）。

小学校で先生に「オモニ（お母さん）と呼んでいいんだよ」とやさしく言われ、クラスのみんなにもそれを教えてくれました。オモニはとてもきれいなチマチョゴリを着て学校に来ます。自慢です。「アンニョン（こんにちは）」と保育園の先生や地域の人から声をかけられます。（中略）僕には、日本人の友だちや同じコリアンダブルの友だちやフィリピン、ベトナム、ブラジルにルーツを持つ友だちがいますが、その違いでからかったり、からかわれたりすることなく過ごしてきました。（中略）だから、11月8日にヘイトデモが桜本に来ると聞いた時は、正直、何をしにこんないい街に来るんだ、来ないでほしいと思いました。

ヘイトスピーチをする人びとは、ネット上で崔さんに加えて、Nさんへのヘイト書き込みもまきちらした。中学生をターゲットにするなんて、ほんとうに卑劣なおこないだ。Nさんは書き込みをした相手に対して裁判をおこし、高裁でも勝利を勝ち取った。でも、匿名（とくめい）で同じような書き込みをした人は無数にいる。ふつうの中学生や高校生が、裁判にかかわらなくてはならないという事態が、ふつうとはいえない。

川崎でのヘイトスピーチと、それに対抗する動きについては後の時間でもくわしく話したい。でもその前に、ヘイトスピーチが、それを向けられた人にとってはどんな被害をもたらすのかについて、実際に体験した人の話を聞いてほしい。ヘイトスピーチは言葉の暴力ともいわれるけれど、その恐怖は体験した人でないと、ほんとうにはわからないだろうから。

3時間目
ヘイトは何を壊してしまうか

金迅野

1 憎しみ、なぜ?

「殺せ」「たたき出せ」という言葉をあびせられたら

ぼくはキリスト教会の牧師という仕事をしている。だから日曜日は仕事の日だ。2014年の初夏、日曜日に礼拝を終え、午後2時くらいに神奈川県の川崎駅に着いた。しばらく会っていなかった娘と待ち合わせをしたんだ。娘は、生まれて数か月の孫をつれていた。孫をベビーカーに乗せて、駅前のデパートの地下で夕食の食材を買い、一階に上がってきたところで聞こえてきたのは、「いい韓国人も悪い韓国人も殺せ！」「ゴキブリ朝鮮人をたたき出せ！」などのコールだった。

練り歩く人の数は100人くらいだったろうか。背筋が凍るような文句が、公的空間にたれ流される。叫ぶ人びとのなかには、笑みを浮かべている者もいた。残念ながら人間は、人をおとしめるときにも笑うことができるのだ。通行人のなかにも、うすら笑いを浮かべる人たちがいる。かれらは何を笑っているのか。デモ参加者を見下しているのか。それとも、底意地の悪い同意のあらわれなのか。

それらのナマの暴力の言葉たちは、特定の個人を対象にしたものではない。でも、だからこそ、朝鮮半島にルーツをもつ人ならだれもが標的になりうる。ぼく自身だけではなく、娘にも、そして生まれたばかりの赤ん坊にも向かってくる。

一瞬、ナチス・ドイツの時代に迫害され、小突きまわされたユダヤ人たちの映像が脳裏をよぎる。こういうとき、いちばんうまい隠れかたのひとつは、自分の出自を隠して、あのデモの中に入ることだが、「隠している」人もほんとうは逃れられない。ひそかに隠しつづけても、ヘイトの言葉は実際には届いてしまう。本人だけが気づくことができるかたちで。

いま、ぼくの心の中の深いところには、ある種の憎悪が「澱（おり）」のように淀（よど）んでいるのかもしれない。

憎しみに憎しみを返さない。そのかわりに……

それではいけない、と思う。憎しみに憎しみで立ち向かってしまったら、それはぼくに憎しみを向けてくる者に、ぼく自身が似てしまうという皮肉を生きることになってしまうからだ。法律で取り締まって、そういう「声」が出ないようにするという「解決」方法もあるし、それはさしあたって必要で重要なことだと思う。でも、それはほんとうの「解決」なのだろうか、と思わざるをえない。なぜなら、憎しみをもつ人たちが「(特定の言葉を)言わなければいい」「言いかたを変えればいい」という道を見出してしまいかねないから。

「差別はいけません」ということは、学校でさんざん言われるし、そのことを知らない人はいないだろう。問題は、それでも差別がなくならないことを、どう考えるかということだと思う。「人間は差別するものです」と、したり顔で開き直ったり、「わたしは差別していない」と言うだけでは、具体的に痛みやつらさをかかえている人は、「自分にとって切実な問題が、多くの人にとってはそれほど深刻な問題ではない」という、切ない想いを日々重ねることになってしまうだろう。

先のヘイトデモのさなかに、ヘイトをおこなう人でもなく、どういう心持ちなのかを推し量(おしはか)ることができない多くの通行人ともちがって、静かにプラカードを持ってたたずむ人たちがいた。プラカードには「共に生きよう」「差別はやめろ」という文言が書かれていた。その人たちの数はまだ多くはなかったけれど、その人たちがいることが、ぼくにとってどれだけ救いになったことか。息苦しくて固まってしまったぼくが、なんとか息継ぎができるように感じられたのも、ぼくにとってかけがえのない、その人たちの存在があったからだと思う。そしてその人たちも、会ったこともないぼくのことを、存在のはるかさをくぐり抜けて、「かけがえのない人」と思ってくれているのだ、と想像できたからだと思う。

ぼくと同じようにヘイトに出くわしてしまった経験をもつ人は少なくない。そのひとり、朴(ぱく)錦淑(くむすく)さんに、風巻さんといっしょにお話を伺(うかが)ったので聞いてほしい(まとめは風巻さんによる)。

2 ヘイトの被害がもたらしたもの
——朴錦淑さんのお話

朝鮮学校は、在日コリアンの子どもたちが通う民族学校だ。小学校にあたる初級学校から高校にあたる高級学校まで、全国に存在する。そのうちのひとつである京都朝鮮第一初級学校が、

2009年12月4日、「在日特権を許さない市民の会」（在特会）を名乗るヘイト団体の襲撃を受けた。その後2回、計3回も、同校の子どもたちは「朝鮮学校は学校じゃない」「日本を出て行け！」などのヘイトスピーチにさらされることになった。

朴錦淑さんは当時、京都第三初級学校に娘さんを通わせていた。最初に襲撃を受けた日は、交流会のために第三初級学校の生徒も第一初級学校に集まっていたため、娘さんもヘイトスピーチの現場に居合わせてしまった。朴さんはその場にはいなかったが、ほかの保護者や先生から状況を聞いたという。

在特会がやってきた日

――「在特会」に襲撃された日のことについてお話しいただけますか。

朴　その日は、たまたま朝鮮学校どうしの交流会で、他校の児童も集まっていました。校門の外からハンドマイクの罵声（ばせい）が聞こえだした後も、講堂はカーテンが閉め切られていたので、幸いにというか、おきていることの意味がわかる高学年の子たちは気づかずに済んだようです。でも、1～3年生と幼稚園生は、まったく無防備な状態でした。お昼の後、外の水場で歯磨きなんかをしていた時間だったから、目の当（ま）たりにしてしまった子もいたようです。幼稚園の子たちは、はじめはよくわからない子もいたようですが、1時間以上も大人たちが大声で怒鳴るものだから、怖がって泣く子もいて。年上の3年生が下の子たちを抱きかかえて、「だいじょうぶ、だいじょうぶ」って落ち着かせようとしていたという話を後で聞きました。

校門に向かった先生たちもいましたが、できるだけ相手を刺激しないように、こちらからは手を出さないと申し合わせて、じっと罵声に耐えていました。でも、シャワーのようにヘイトスピーチを浴びつづけるうちに、だんだん心が萎えてきたと言っていました。学校や生徒たちに向けて、こんなひどいことを言われても何もできないという無力感というのか……。警官が来たので、止めてくれると思ったのですが、何もしてくれない。むしろ向こうの肩を持つかのように、ずっと見ているだけ。それが二つ目の衝撃だったそうです。自分たちは、この社会で守られるべき存在じゃないんだなと、虚無感すら感じたそうです。

当時、第一初級学校のオモニ（母親）会の会長をしていたのが私の姉でした。在特会がネット上で襲撃を予告していたのを知っていて、でもまさかほんとうに来ることはないだろうと楽観していたことを、一生悔やんでも悔やみきれないと後から言っていました。通報を受けて学校に向かうとき、手が震えて運転できなかったそうです。

「在特会が来たら、これで戦うんや」

朴　その後も二度続けて襲撃があって、計3回も子どもたちを被害にさらしてしまったという罪悪感と衝撃を先生や保護者もかかえていました。子どもたちはストレスをかかえて、からだも心も傷だらけ。通学路も心配だから保護者が当番制で警備に立っていましたが、それをいつまで続ければ安全と言えるのかもわからない。先生も親たちも神経をすり減らして、ほんとうに学校中が疲弊しきっていたんです。

小学3年生のある男の子が、鉛筆の先をいつもピンピンに尖らせていたんだそうです。オモニ（お母さん）が、わざわざ学校で削って帰ってくるのが不思議で「なんでいつもこんなにピンピンなん？」って聞いたら「在特会が来たら、これで戦うんや」と言ったって。たった9歳の子に、そんなことを考えさせるというのは……。私の中ではいちばん胸が痛い話です。

「ふつうの人」のヘイトに対する怖さ

朴　私も子どものころから、街宣車で軍歌を流しているような、職業右翼みたいな人は見ていました。でも、在特会はちがいますよね。ふつうの人なんですよ。ベビーカーを押しているお母さんとか、そういう人たちが私たちに向かって「ゴキブリ！」なんて言う。それが怖いしショックなんですよね。

だから、家や学校から外に出て、たとえば家族で買い物をしてるときなんかに、（朝鮮語で）「アッパ（お父さん）！」とか「オンマ（お母さん）！」なんて子どもに呼ばれたら、「外ではあんまり大きい声で言わないの」と言ってしまうときがありました。それって、ほんとうに悲しいことなんです。自分が朝鮮人だということに誇りを持ってほしいから朝鮮学校に通わせているのに、あんな事件のためにそれを言えなくなる。なんて矛盾なんだろう。自分たちに悪いところはないのに、なぜなんだろうという、やりきれなさを感じていました。

証言すること・裁判をおこすことの負担

朴　あれから10年以上経ったので、ふだんそのことを思い出す機会はないですが、事件を思い出すと一気に当時に引き戻されて、吐き気がしたりお腹を下したりして、姉は薬を手放せないそうです。被害を受けた保護者の多くがそうだと思います。なにかの拍子に自分がまた標的にされるかもわからないから、思い出したくないし、できれば話したくない、かかわりたくない。でも姉は、忘れてほしくないし、忘れてはいけないと思うから証言を続けていると思います。「これは自分が背負っていく宿題だ」と。

——お姉さんが中心となって裁判をおこされましたよね。

それもほんとうに大変でした。保護者の中にも、裁判なんかかかわりたくない、早く忘れて終わらせたいという人もいて。でも、当時の保護者で龍谷大学の先生だった金尚均（きむさんぎゅん）さんが、「あったことをなかったことにするわけにはいかない」って。この言葉があって踏み切ることができたと姉は言っていました。もうひとつの理由は、ここで私たちが立ちあがらなければ、彼らは別の朝鮮学校をまた攻撃する。姉も「これは京都だけの問題じゃない」と。

――裁判で証言することは、大きな負担ですよね。

ええ。やっと乾きかけたかさぶたを何度もはがすような経験だったと言っていました。でも、姉が証言台に立つとき、聞き取りを担当してくれた弁護士さんが「差別に慣れたらあかんよ」って。「もっと怒ってもいいし、もっと言葉に出さなあかん。傷に塩を塗るような、ひどいことをさせていると自分たちも思う。それでも言わなくちゃ」と。そう言ってもらったおかげで、ちゃんと向きあって証言できたと姉は言ってました。

――そっとしておいてほしいという気持ちと、怒りを表現したいという気持ち。どっちもわかります。傷ついた感情を表に出せなくなることの抑圧もある。正しく怒ることも大事なんですよね。

裁判をおこすとか、そこで証言するとか、ふつうの人生ではあまり経験しないことですよね。時間も労力もかかる。でも、それをしていなかったらどうだったんだろうと考えます。弁護士の先生に教わったんですけど、ヘイトスピーチがもたらす影響に「沈黙(ちんもく)効果」というのがあるそうです。差別的な言葉を向けられた当人が、何も言い返せず黙ってしまうことだそうです。

――つまりは黙らされるということですよね。怒りを表に出せば、傷ついた心のかさぶたがはがれて痛いし。

いろんなものが重なってというか……。ただたんに在特会が怖いとかじゃなくて、幼いころからずっと感じてきた、日本で生きていくうえでの生きづらさも重なっている。声を出せば周囲にたたかれるとか、そういうことを日常のなかで、無意識のうちに感じてると思います。

在日の人でも「自分は差別なんて受けたことない」「いまはそんな差別はないですよ」と言う人がたまにいるんですけど。でも、そんなことは絶対にない。それがふつうになっちゃっているだけで。たとえば、本名を堂々と言えなかったり、住むところや働く環境を、何の制限もなく自由に選ぶのがむずかしかったり。自分が在日だと言うと、周囲の人が急に「自分は気にしないよ」とか「日本語上手なんですね、いつから日本にいるの？」とか言われるのは、もう日常茶飯事で。

――「だいじょうぶだよ、日本人とぜんぜん変わらないし」なんて言われたりね。このような言葉は、いわゆるマイクロアグレッション（↓4時間目）ですよね。

そうですね。無神経だけど、それすらも慣れて麻痺してしまって、受け流してしまうところもある。私たち自身、自分を守るために適応しようとしてるかもしれないし。そういうのが積み重なったところへ、あんな事件があって、みんなすごいダメージを受けたんだと思います。

勝ち取りたかったのは民族教育の権利

朴　裁判の結果は、在特会による差別街宣をヘイトスピーチと認定して、高額の損害賠償と学校の周辺での街宣活動の禁止を命じるなど、はじめて裁判所でヘイトスピーチの違法性と人種差別性を認定させ、朝鮮学校の民族教育を人格的利益と認めさせた、画期的な判決でした。

でも、ほんとうに勝ち取りたかったのは、在日朝鮮人がこの日本で民族教育を受ける権利、民族教育権なんです。襲撃によってそれを侵害された。だから、それを回復して確立したかったのです。ひどいヘイトスピーチだったことはたしかですが、それだけじゃない。私たち在日朝鮮人がどんな思いをもって日本で民族学校をつくり、守りつづけているのか。民族教育を受ける権利は基本的人権で、侵害されてはいけないという、ほんとうはそこまで判決で勝ち取りたかったけれど……宿題として残ってしまいました。なので、その後の高校無償化問題（＊）なども全部、京都の人たちは自分たちの宿題だと思っています。全部つながってるから。

＊　2010年にはじまった、すべての高校生の学びを支援するという趣旨の高校無償化（私立学校や外国人学校は授業料分を支給）政策は、初期には朝鮮高級学校も対象となる可能性がみられたが、2013年になると、拉致問題の進展がみられないという、学校とは関係のない外交上の問題を理由に無償化の対象外とされてしまった。このため各地で裁判がおこされ、司法に救済が求められることになった。大阪地裁で、教育の機会均等からみて支給法からの排除は違法という判決が出たが、高裁ではくつがえり、他の地域ではことごとく地裁で敗訴となってしまった。

イルミネーションが見られない

朴　東京の朝鮮学校の無償化裁判の高裁判決（２０１８年）が出たとき、判決もひどかったうえに、裁判所の前に右翼が来て、口にするのも嫌な言葉が書かれた横断幕をかかげて街宣をしたんです。めまいがしそうでした。

その数日後、京都で毎週おこなわれていた高校無償化制度適用を求める街頭行動に行ったとき、11月の頭でしたから、ひと足早いクリスマスの雰囲気で、繁華街にはイルミネーションがいっぱい飾られてキラキラしていて、そのギャップに吐き気がしたんですよ。同じ空の下のいっぽうでは、ひどい判決が出され、醜悪（しゅうあく）なヘイト街宣も受けて傷を負っている人たちがいるのに、それを知らずに世界、世間は回っていく。それってどうなんだろうなって。それ以来、私はイルミネーションが見られなくなったんです。見ると気持ちが悪くなって。

チマチョゴリへのヘイトクライム

――朝鮮学校に対しては、かつて制服のチマチョゴリの切り裂き事件もありましたよね。

朴　私が高校1年のとき（１９８７年）大韓航空機の撃墜事件があって、朝鮮のせいだと連日マスコミが騒ぎ立てました。あのころにも、学校にすごい数の嫌がらせ電話が来たり、カミソリ入りの手紙が送られてきたりしたんですよ。

そのとき、先生たちが女生徒を講堂に全員集めて「危ないから、明日からチョゴリは着ずにジャージで登校しなさい」と言ったんです。そしたら驚いたことに、高校3年の、ふだんはちょっと反抗的なオンニ（姉さん）たちが「どうしてですか！」って先生とケンカして。「自分たちは悪いことしてないのに、なんでチョゴリを脱がないといけないんですか！」って言いあいしてるんです。先生たちも「気持ちはわかるけど、危ないから」って。でもオンニたちは、次の日からだれもジャージで来ずにチョゴリのまま。私は彼女たちを、かっこいいなと思っていました。

その後、80年代後半から90年代にかけて、いわゆる「核疑惑」や「ミサイル疑惑」など、朝鮮をめぐる偏向的な報道が激しくなってからは、ますます朝鮮学校のチョゴリには標的のように攻撃の矛先が向けられました。それで、安全面への配慮から99年に「第二制服」が導入されて。２００２年に拉致（らち）問題が明るみに出てからは、その制服を通学時に着るようになりました。

差別されていい人間なんていない

朴　２０１７年前後、アメリカでトランプ大統領が就任した直後に朝鮮半島の緊張が高まって、ミサイルが飛んでくるかもしれないといって、毎日のようにJアラートが鳴らされたりしていました。そういう雰囲気を感じてか、日本の学校の子どもたちが朝鮮学校の子にひどいことを言ったりすることも全国であって、子どもたちも親たちも、しんどそうでした。そんななかで、朝鮮高校の無償化裁判も広島、東京と立て続けに敗訴して。

私は当時、京都朝鮮中高級学校でオモニ会の会長をしていたんですけど、とても悲しかったのが、あるオモニが小学生のわが子から「裁判で負けるのは、ウリハッキョ（朝鮮学校）も悪いから違うの？」って言われたと。彼女は、なんて答えていいかわからなかったそうです。

私が当時、オモニたちに言ったのは「生まれ持った出自で差別されていい人間なんて、この世にいないってことだけは子どもたちに伝えよう」と。差別される側じゃなくて差別する人間が悪いんだってことは、ちゃんと伝えないといけないんじゃないかと言いました。

在日の子たちって、自分で意識していなくても、どこか身構えて生きてると思うんです。テレビでもネットでも否定的な情報ばかりだし。でも朝鮮学校に足を踏み入れたとたん、安心感があって、そこにいるあいだは自分を偽らなくていい。みんな同じ朝鮮人で、同じ言葉を使えて、同じことに共感できる、その空間があるのはほんとうに大事なことです。親たちも、そういうハッキョの存在に救われてきたと思います。

顔の見える交流という宝物

朴　京都朝鮮中高級学校では、京都女子大学の学生たちと2018年から交流会をしています。私がオモニ会の会長のとき、大学の先生が、なにかお礼をしたいと言われたので、じゃあ本をくださいって。なぜ本なんですかと訊かれて、朝鮮学校は公的補助がないから、図書室が整備されていないし本も少ないという話をしたんです。その話を先生が学生にしてくれて、じゃあ本を集めようとなって。それから4年間ずっと、朝鮮学校に本を寄贈する活動が続いています。

本を集めるためのリーフレットまで学生が自分たちで作ってくれて。はじめは「朝鮮学校に本を寄贈してくれませんか」という内容だったんですけど、年々バージョンアップして、朝鮮学校はこんな学校で、こういう理由で本が不足しています、だから寄贈してくださいと。それをあちこちに配ったり置いてもらったりしたら、さばききれないほどの本が全国から集まったんです。それはきっと、本といっしょに気持ちがハッキョに届けられているんだなって。

この子たちは絶対にだいじょうぶだなって思うんです。しっかりものごとをとらえて、自分ももしかしたら加害者になりうるって、きちんと立場を置き換えて考えられる子が多いんです。たんに「ヘイトはダメ」とか「差別はダメ」で終わるのではなくて。だから彼女たちがこれからどんな人生を歩んでも、朝鮮学校について差別的なことはけっして思わないし、むしろそういう言説に「ちがうよ！」って反論してくれるだろうって。そういう子を増やしたいなって。むしろ「自分は差別なんかしないよ」なんて言う人のほうが危ない。自分にもその可能性があるという気づきをもてる人のほうが、信頼ができると私は思います。そうやって考えられる若い人が思いのほか多いのはうれしいし、すごく希望がもてるんです。

この10年ほど、いろんなことを学んだんですけど、自分にいつも言い聞かせてるのは、だれかが自分の中ではとうてい解決しようもないような憎悪を向けられたとしても、その人に対して、まわりの人たちがその何十倍もの愛を注がないといけないなって。

障がいのある息子に学んだこと

朴　私の息子は自閉症スペクトラムという障がいがあるんですけど、こういう子を授かって育てるなかで、私のほうが学ぶことがほんとうに多かった。自分の子に障がいがなかったら、そういう人たちがいることも、そのつらさも知らずに生きて、それこそ傍観者になっている自分がいただろうと思います。もちろん、世の中のすべての問題を理解して当事者になることなんて無理ですけれど。

同志社大学の板垣竜太先生がおっしゃった言葉が忘れられないんです。「社会的マイノリティや弱者が住みやすい社会こそ、みんなが住みやすい社会だ」と。当時の私にとっては新鮮で、目から鱗が落ちるように「ああ、ほんとだな」って思えた。ユニバーサルデザインとよく言いますが、障がいをもった人たちが住みやすい社会こそ、真の意味でみなが住みやすい社会だろうし、それは外国人とかいろんな立場にも置き換えられる。マイノリティが住みやすい環境を整えれば、みんなにとっていい環境になるはずだという発想ですよね。そういうことにも、息子がいたから気づけたのだと思います。

他人を愛する、ということ

——先ほど「愛」という言葉を使われました。日本語で「愛」というとちょっと恥ずかしい感じですけど……どんなニュアンスで使われたのでしょう。

朴　言葉で言うと陳腐に聞こえますけど、やっぱり愛に勝るものはないなって思うんです。大きさや濃さも人それぞれだし、表現方法もちがうと思うんですけど。

「私たちはヘイト団体の人たちとはちがうから、差別なんかしない」というのは、どこかちがう。「ごめんなさいね。私も、あなたたちを傷つけたうちのひとりかもしれない。でも、あなたたちを守りたいと思います」というのも愛情の表現だと思うし、そっちの言葉のほうが私たちは欲しいんです。

——完全な人はだれもいないから、やらかしちゃうことはありますもんね。

息子のことにしても、襲撃事件のことにしても、いろんなことから学ばされて、立場の交換というのを自分自身ができるようになったと思います。その人の立場になって想像する。他人になりきることは絶対できないけど、その人になったときのことを想像はできる。それをしようと思うことが、まずはたいせつ。私が出会った、光を感じる人たちは、そういう人たちです。おたがいの立場に立てる人。

――それが愛ですか。

だれかが苦しい状況にあるときに、自分が持っているもの――気持ちでも知識でも力でもなんでも、少しでも差し伸べられるのであれば、と思って与えることが愛かな、と思いますね。

――今日はお話を、ほんとうにありがとうございました。

3 「なぜ」を抱きしめることのすすめ

「障がい者は死んだほうが幸せ」「二度とおれの前にあらわれるな」「(行方不明の子どもを探すふりをしてるが)母親のおまえが殺ったんだろ?」……。ぼくのような在日コリアンばかりでなく、いろいろな人に、いろいろなかたちで、リアルに声に出すとちょっとぞっとするようなヘイトの言葉が、わたしたちの生活する空間、とくにネット上にはあふれているように思う。ネットは便利でお手軽だから、だれでも自分の意見を言えるし、自分の声が思ってもみないところまで瞬時に届く手応えみたいなものも感じられる。だれでも自由に発言できることは悪いことじゃない。でも、さっき挙げた言葉たちはどうだろうか。

あなたは「わたしはそういうことを言わない」、あるいは「そういうことを書く人はごく一部だ」と言うだろうか。たしかにそうかもしれない。でも、先にもふれたように、多くの人が「そのことはわたしと関係ない」という態度を示すとき、あるいは「そのこと」について静かに耳を傾けてくれる人が、ぜんぜん身近にいると感じられないとしたら。

「そのこと」に巻き込まれて、「そのこと」と関係なく生きられずに、恐怖に震えたり、「そのこと」を思い出すとはらはら涙があふれたり、ひとりきりで夜、ふとんの中でもがき苦しんでいる人は、きっと、「今後このトンネルを抜け出すことはないだろう」「この世界で自分はひとりぼっちだ」と感じるかもしれない。

あなたはそんな気持ちになったことはないだろうか。残念ながらぼくには、人生のなかで何度かある。でも、気がつくと、ぼくはいつのまにかトンネルを抜け出してここにいる。トンネルを抜け出すと、都合よく忘れてしまうことが多いけれど、トンネルを抜け出すためには、人間が生きていくうえでとてもたいせつな、いろいろなことがじつは起きていたのだと思う。

勉強したり、仕事したり、生きてゆくときに、ぼくらはすぐに「答え」を求めるけれども、ほんとうに大事なのは、一生のあいだ、それによって悩みつづけるかもしれない「問い」のほうだとぼくは思っている。試験問題を解くために、解答を素早く出すのも大事かもしれないけれども、ぼくは、できればそういう大きな「問い」をたいせつにしたいものだといつも思っている。なぜなら、「ほんとうに考える」とは、「答え」がないかもしれない「問い」を大事にすることと関係があるから。世界には、そして世界にふくまれる自分の中にも、じっくりじっくり、何度も何度も考え直さなきゃならないことがあると思うから。そしてぼくは、どんな場面に自分が置かれても、考えることをやめたくない。

どうして、ぼくらが生きるこの社会の中に「土人」とか「不逞鮮人」（植民地出身の朝鮮人を敵視する言葉）などのヘイトの言葉が、突然よみがえってしまうのだろう。だれかが、自分がだれかより先進的だったり、優れていたり、だから「教え導く権利」があると思いこんだりするのはなぜだろう。このことで、男性／女性、健常者／障がい者、大人／子ども、上司／部下……などのように、さまざまな人と人のあいだに線が引かれてしまうのはなぜだろう。これらの問いに対する答えはどのようなものだろう。

「答えがなかなか見つからないことを考えたって、受験とかに役立たないじゃん」と、あなたは言うかもしれない。たしかにそれは、ふだんはそんなに役に立たないかもしれない。でも、たとえば、だれかがうずくまっているとき、あるいはそのだれかが笑っているように見えるけれどほんとうは心がうずくまっているように感じるとき、そういうときにどうしたらいいのかわからなくて立ちつくしてしまうとき、そのだれかが自分であるとき、だれの言うことが正しいのかわからなくなっちゃったとき、自分だけが正しいと思えちゃうとき、「わたしはあなたが好き」と「あなたがわたしを好き」がくいちがっちゃってるように感じるとき、ほかの人の話をちゃんと聴けなくなっているとき、大変なことがおきているのに心の底から「大変だ」っていう実感がもてないとき、そして多くの人がそうなっていると感じるとき、ヨノナカがやばくなっているとき、つまり、人間が人間として生きることがむずかしいときに、少しだけ役に立つかもしれない。

「答えがないことを考える」ということは、ぼくらが生きているこの時代を「どう生きるか」という問いと結びついているし、そもそも「ぼくら」のなかにはだれが入っていて、だれが入っていないのかということのわけを考えることでもあると思っている。そして、朴錦淑さんが言うように、自分の持っているものを、だれかのために「少しでも差し伸べられる」ことを願う気持ちも、問いを噛みしめることで生まれてくると思う。

4時間目 ヘイト現象を考えるための基礎知識
――ステレオタイプと偏見、マイクロアグレッション、差別、特権

風巻浩

前の時間で迅野さんは、ほんとうに考えるとは、答えがないかもしれない問いを大事にすることだ、と話していた。簡単に「正解」を求めるのではなく、あなたとぼくらの前（pro）に投げ出された、ヘイトスピーチ、ヘイトクライムという「問題」（pro-blem）をいっしょに見すえていこう。

そのためにまず、ヘイト現象を考えるのに役立つ概念や言葉の整理をしておきたい。ステレオタイプ、偏見、マイクロアグレッション、差別、特権。そんな言葉だ。英語や漢字が多くてむずかしそうだと感じるかもしれない。でも、言葉を知ることで、世界が別の見えかたをする

ことがある。あなたの身のまわりのできごとを、深く考えるのに役立つ言葉を見つけてもらえたらうれしい。

1 ステレオタイプと偏見

ステレオタイプとは

日常の会話のなかで「やっぱり関西人はおもしろいよね」（あるいは「関西人なのにおもしろくないね」）とか、「さすが黒人はダンスが上手だなぁ」とか話すことはないだろうか。当たり前だけど、関西人のすべてが吉本興業に所属できるような話術をもっているわけではないし、ダンスがうまく踊れないアフリカ系の人もいる（たぶん）。

このように、一面的な情報のなかで単純化され、一般化された見方をステレオタイプ（固定観念）と呼ぶ。ステレオタイプには、かならずしも差別意識は入っていないけれど、そのような一面的な見方や考えかたは、次に述べるように、偏見やマイクロアグレッション、差別へとエスカレートする可能性を秘めている。

悪気がなくても、人はステレオタイプ的な見方をしがちだ。だから気をつけないと、他人を傷つけてしまうことがある。

ステレオタイプと偏見

ステレオタイプ的な見方は、それだけでは差別や偏見とはいえないが、不公正な見方によって、ステレオタイプにマイナスの評価が加わったものが偏見だ。ある人びと（もの・こと）を単純化し、一般化した見方（ステレオタイプ）を通じて、否定的な気持ちや考えをもつことが偏見なんだ。

たとえば、「女子なら文系」といった言いかたを聞くことはないだろうか。女子は理数系の思考に弱いといった考えは、事実に反した偏見だ（「男性脳」「女性脳」といった区別も科学的には否定されている）。事実の検証や深い考えもなしに、思い込みによって判断してしまうのは「無意識の偏見（アンコンシャス・バイアス）」と呼ばれる。

ただし、ぼくが現在教えている大学でも、数学科や物理科の学生に女子が少ないという事実はある。理系の学部で学ぶ女子の比率は、いわゆる先進国（ＯＥＣＤ諸国）で日本が最下位だ。しかし、それは「女子なら文系」といった周囲の偏見や、それを真に受けた本人の思い込みによって、進学先の候補から理系が外されてしまった結果かもしれない。実際に、少し前までは

「女子なら文系」といった偏見にもとづく進路指導をする教師がいたことは事実だ。これは明確な差別行為だといっていい。先生だからといって、偏見やステレオタイプから自由とは限らない。

2 日常のなかの無意識の差別＝マイクロアグレッション

マイクロアグレッションとは

最近になって「マイクロアグレッション」という言葉が知られるようになっている。直訳すると「小さな攻撃性」という意味。ふだんの会話のなかで、つい無意識に言ってしまう言葉や、何気なくしてしまう行為による「攻撃」のことだ。

たとえば、在日外国人、とくに、ほかのアジアの国にルーツをもつ人に向かって「日本人に見えるからだいじょうぶだよ」などと言ってしまう。言った人は「自分は外国人だからといって差別なんかしないよ」ということを伝えたかったのかもしれない。でも、言われた人はこう感じるかもしれない。

「じゃあ、◯◯人（自分のルーツの国）に見えたら問題なの？」

「日本人に見えるからだいじょうぶ」ということは、それ以外の国の人に見えるのは良くないということだろうか。外国人よりも日本人のほうが上で、外国にルーツをもつ人はできるだけ日本人に見えるようにふるまいなさい、ということなんだろうか？

こんなふうに考えるのは、ひねくれていると思うかな？

でも、言われた側になってみれば、自分の（◯◯人という）アイデンティティを否定された気持ちになってもおかしくない。言ったほうに悪意がないとわかっているからこそ、正面から怒ったり抗議したりもしにくい。こういうのが典型的なマイクロアグレッションだ。

「マイクロ」はごく小さなものをあらわす言葉だから、攻撃といっても大したことはないと誤解されやすい。でも、言われた人にとってはけっして「小さな」ものではない。「言っている側には自覚できないほど些末（さまつ）だけれど、チクチクと刺すような、しつこい攻撃」と考えたほうがよい。

言っている本人はそれが攻撃になると気づかないということは、その背景に「無意識の偏見（＝アンコンシャス・バイアス）」があるというわけだ。マイクロアグレッション研究の第一人者であるデラルド・ウィン・スーは、その著書『日常生活に埋め込まれたマイクロアグレッション』で、こう述べる。マイノリティにとっての最大の脅威は、あからさまな差別主義者ではなく、善良で、自分はけっして差別など働かないという自己意識をもった人びとだ、と。「その言いかたはマイクロアグレッションだ」と指摘されたとき、あなたは「そんなつもりはなかった」と言うかもしれない。でも、たとえ差別しているという自覚や、傷つけようとする意図がなくても、相手を尊重せず、結果的に侮辱になる発言で心理的に傷つけてしまう行為は、マイクロアグレッションだ。ちなみに、国際連合（国連）が定めた差別の定義によれば、それをした人に差別する「意図」がたとえなかったとしても、差別としての「効果」があれば差別とみなされる。

警察官もマイクロアグレッションをおこなってしまう

さっき例としてあげた言葉は、その人本来のアイデンティティ（自分自身のありよう）を否定し、それよりも日本人を上にみて、日本人への同化（同じになること）を良いことだとするニュアンスをふくんでいる。これは典型的なマイクロアグレッションだ。

ネット上で話題になっていたけれど、ドレッドヘア（髪の毛をからませてロープのようにした髪型。カリブ海やアフリカの文化が背景にある）の日本人青年が、たびたび警察官に職務質問を受けるそうだ。その青年は、カリブ海の国バハマの出身者と日本人の両親をもつが、国籍は日本だ。

職務質問は、犯罪に関係があると疑われる人に対して警察官がおこなうものだが、現実には肌の色や髪型など、外見が一般の日本人とちがうと、ひんぱんに職務質問を受けるという。それは、警察が特定の人たち（外国人、とくに、ほかのアジアやアフリカ、中東系の人）を犯罪者予備軍とみなしているためではないか、と批判されている。

こういう人種的偏見にもとづく警察官の捜査は、海外では「レイシャル・プロファイリング（人種的外見によって判断する行為）」と呼ばれ、批判されている。アメリカでは、アジア系やアフリカ系の人が無実の罪で拘束されたり、抵抗したとみなされ射殺されたりする事件が後をたたない。後でふれることになるが、アフリカ系アメリカ人のジョージ・フロイドさんが警官によって殺害された事件があった。「Black Lives Matter（黒人のいのちを軽くみるな！）」をスローガンにした運動が国際的に広がるきっかけとなった、この事件の背景にあるのが、「レイシャル・プロファイリング」だ。

警察官は人の自由を奪い、場合によればいのちも奪うことができる権力をもつ。だから、自分がマイクロアグレッションやレイシャル・プロファイリングをしているのではないかと、つねに自分を問いつづける必要がある。

でも、ぼくだって、電車に大柄でこわもてのアフリカ系と思われる人が入ってきたら身構えてしまうかもしれない。隣の席には座らないかもしれない。その行為もマイクロアグレッションだ。

ACジャパンのCMでこんなものがあったのを覚えているかな（「寛容ラップ」で検索できる）。コンビニで小銭を探して手間取るおばあさんに、後ろに並んでいたこわもての男性（ラッパーの呂布カルマさん）がラップで優しく声をかける。すると、おばあさんもラップで「アタシも反省　見た目で判断　もう要らないわ　色眼鏡なんか」と応え、店員さんが「たたくより　たたえあおう」と歌うというものだ。

おばあさんが最初、男性を見た目で判断してしまったことは、それが行動としてあらわされたとしたら、彼へのマイクロアグレッションだったということになる（この場合は民族的なマイノリティというわけではないけども）。相互のリスペクト（尊重・尊敬）により多様性を認めあう寛容な社会づくりの前提として、偏見によってマイクロアグレッションをしていないかと、自分を省み（かえり）ることがたいせつなんだと思う。

マイクロアグレッションは意図的なものではないし、直接の被害を与えていないので、一般的な差別行為とは異なる。ただ、日常的にマイノリティを心理的に傷つけるものなので、むしろ深刻ともいえる。自分の言葉や行動が、だれかへのマイクロアグレッションになっていないか、振り返って考えてみたい。

3 マジョリティの「特権」と差別

差別とは何だろう?

差別とは、社会のなかのある人びとが、ほかの人びとを不平等にあつかい、不利な立場とすることだ。これにより、優遇され特権をもつ人びとと、特権をもたない不利な人びとが社会のなかにつくられる。民族や出自による差別、障がいの有無による差別、女性や性的マイノリティへの差別、その他さまざまな差別がある。

社会のなかで、特権をもち、それを維持しようとする人びとをマジョリティと呼ぶ。特権をもつ者は、その特権を維持するために差別を利用する。それに対して、不利な立場におとしめられ、周辺化(「ハブられる」と言ったほうがわかりやすいかな)され、従属化(従わされてしまう)され、発言力を奪われてしまうグループをマイノリティと呼ぶ。

マジョリティを「多数派」、マイノリティを「少数派」と訳すことがあるが、かならずしも人口としてマジョリティの人数が多いとは限らない。たとえば、かつて南アフリカ共和国では、移民者であるイギリス系やオランダ系の白人が、現地の住民(黒人)に絶対的な支配をおこなっていたけれど、白人勢力は人口の上では少数だった。特権を維持するためには人口が多いほうが有利ということはあるけれど、人口の多いほうが自動的にマジョリティとなるわけではない。女性差別の文脈では、人口比はほぼ半々でも、女性のほうが社会的に低い地位におかれるマイノリティだとされる。最初の説明を使えば、マジョリティは「特権側」、マイノリティは「従属（周辺）側」と訳すことができるかもしれない。

特権って何だろう――日本人であることは特権？

特権（Privilege）とは、支配的なグループにいるだけで、特別の努力をしなくても得ることができる権利のことだ。くじに当たって商品をもらえる「特権」を得た、といった日常的な使いかたとは異なることに注意。大事なことは、生まれつき「下駄（げた）」を履かせてもらえるグループにいるかどうかだ。

ぼくらが暮らす日本社会で、特権をもつグループとは、どのような人びとだろうか？

まず「日本人」があげられる。

でも、そもそも「日本人」とは何か、ということもじつは複雑な問題だ。一般には、日本の国籍をもっている人をさす。でも、そこでイメージされるのは黒い髪や黒い目の人で、青い目で金髪の人とか、肌が黒い人は、仮に国籍が日本でも「ふつうの日本人ではない」と思われがちだ。

国籍が日本でも見た目や名前が外国人ふうの若者が、周囲から「外国人」あつかいを受けることに、わだかまりを感じることがある。逆に、日本国籍をもっていなくてもルーツが日本にある人がノーベル賞を取ったりすると、日本のテレビでは「日本人」かのように報道されることもある。そんなふうに複雑な「日本人」だけれど、とりあえずここでは、日本人とは日本国籍をもつ人だとしておこう。

日本人であることが特権だなんて、ふだんは考えることはないだろう。でも、たとえば日本国籍をもたない人びとは、16歳（かつては14歳）になると全員指紋をとられて管理される、ということが以前はおこなわれていた。5時間目でも話すけれど、犯罪者あつかいはおかしいとして在日コリアンなど多くの人が抗議して、指紋押捺（おうなつ）反対運動という大きな動きになった。長い時間がかかったけれど、現在は、長期間日本に住んでいる外国籍の人は指紋をとられなくなった。

あなたはどうだろう？　生まれつき〇〇

指紋押捺義務に反対するデモ
（在日韓人歴史資料館提供）

人だからという理由で、犯罪者あつかいをうけたり、それをやめてもらうために反対運動をする必要があったりしたかな？

そんな努力をしなくてもよいのが、日本人としての「特権」ということなんだ。

ほかには、どんなことが日本人「特権」としてあるだろう？　選挙権や被選挙権があるのも「特権」だ。ヨーロッパなどでは、地方参政権（地方自治体の首長や議会の選挙権）は外国人にもある国が多い。ニュージーランドは、国政の選挙権も永住外国人には認めている。お隣の韓国でも、永住外国人には地方参政権がある。日本国籍をもつ人だけに与えられる選挙権は、いわゆる先進国では例外的な「特権」だといえる。

男性「特権」

特権は、国籍や民族で区別されるものに限らない。たとえば、男性「特権」や健常者「特権」などがあげられる。

もともと選挙権は、多くの国で男性にしか与えられなかった。世界史で学ぶように、マイノリティである女性たちが声をあげて、ようやく参政権を獲得していった。日本では戦前まで、妻は法律上の「無能力者」とみなされ、夫の同意がなければ契約などの法律行為をおこなうことはできなかった。遺産相続も、子どもがいれば妻は夫の財産を相続できなかった。

現代の日本では、男女平等が実現されていて、かつてのような男性「特権」はないと思うかな？　残念ながら、そうではない。たとえば、順天堂大学、日本大学、東京医科大学など10大学の医学部が、男性の受験者が有利になるよう入学試験の点数を操作していたという事件が2018年に明らかになった。この事件では、不合格とされた女性たちが大学を訴え、大学側が敗訴している。妊娠や出産で現場を離れる可能性や、体力的なハンディキャップを考慮すると、医療現場では男性を優先的に採用する現状があるというのが大学の言い分だったけれど、入学試験で本人に知らせずに点数に差をつけていい理由にはならない。これは、男性が明らかに「下駄」をはかせてもらっていたわかりやすい例だけれど、男性が何も意識しなくても、女性より有利になっている例は日常のなかにいくつもある。

また、最近ではLGBTQ＋と呼ばれる性的少数者に対する差別・偏見も問題になっている。LGBTQ＋とは、L＝レズビアン（女性同性愛者）、G＝ゲイ（男性同性愛者）、B＝バイセクシャル（両性愛者）、T＝トランスジェンダー（誕生時に定められた性別と自認している性別が一致しない人）、Q＝クエスチョニング（性自認、性的指向が決まっていない人）、＋＝その他さまざまな性（たとえばだれにも性的指向をもたない人や、すべての性に性的指向をもつ人など）をあらわす。こうしたマイノリティに対しても「男性」は特権をもっている。正確にいえば、異性愛者（性愛の対象が女性）でシスジェンダー（自認している性別と誕生時に定められた性別が一致している）であるのが、マジョリティとしての特権がある「男性」だ、ということだ。

「健常者」の特権

いまの日本社会では、からだや心に障がいがある人に比べて、障がいがない人（一般には「健常者」といわれるけれど、だれでも障がいをもつ可能性があるのだから「未障がい者」と言ってもいいかもしれない）も「特権」を有しているといえる。たとえば、車いすを使わない人は、どこかに移動するのにも、事前に駅に電話をして、駅員さんに自分の移動の手助けをしてもらう計画なんて必要ないね。でも、車いすを使う人はそうはいかない。

現在、都会ではバスも低床のものが多くなり、駅にもエレベーターが整備されるなどしてバリアフリー化が進んできた。でも少し前までは、車いすの人がバスに乗るだけでも大変だった。車いすでバスに乗ろうとすると、運転手から拒絶されるなんてこともふつうにあったんだ。

それに対して、障がいのある人たちがバスに居座るなどして抗議した「事件」もあった。ぼくらの住む川崎でおきた抗議運動だ。そうしたことを通じて、低床のバスが増え、駅にはエレベーターが導入されるなど、交通環境は少しずつ改善してきた。バリアフリー法などの法律ができたことも大きな後押しになったけれど、その法律をつくるよう国会に求めたのも、障がいのある人やその支援者たちの強い運動だったんだ。

こうした運動をしなくても、当たり前に電車やバスに乗って、行きたいところへ行ける。それもひとつの「特権」といえるんだ。

特権の特徴――インターセクショナリティ（交差性）

あなたはきっと、障がいがない（いまのところ）自分が、それだけで特権をもつなんて、これまで考えたこともなかっただろう。そうなんだ。特権をもつ人びとは、それを意識しないことが「ふつう」。先に述べた外国人の指紋押捺の問題でも、大多数の日本人にとって指紋をとられないことは、あまりにも「ふつう」なので、意識することもなかった。障がいがなければ、駅の階段を昇り降りしたり、バスに乗ったりすることは「ふつう」のことなので、それを意識することもないだろう。

さらに、特権は「重層的」だ。ひとりの人のなかにも、女性か男性か、外国籍か日本国籍か、障がい者か「健常者」かといった無数の軸がある。女性でかつ外国籍、あるいは女性でかつ障がい者など、マイノリティ性が重なりあう（交差する）ことで、より不利な状況になりやすい。いっぽうで、女性で外国籍の人は、その点ではマイノリティだけど、障がいがないなら、その部分では特権をもつ側ということになる（こういうことを、むずかしい言葉で「交差性（インターセクショナリティ）」という。インターセクションとは「交点」のこと）。

そのように考えると、すべての人はマジョリティ性とマイノリティ性の両方をもっているともいえる。マジョリティかマイノリティかは、つねに白黒はっきり分かれるものではない。ただ、それでも、いまの日本社会で「日本国籍／異性愛男性／健常者……」などの側にいる人は、そうでない人より多くの特権を（無自覚に）もっているといえるんだ。

特権を体験するワークショップ

こうした特権は、自分がマイノリティとして特権を奪われる体験がないと、なかなか理解できないものだ。たとえば以下のようなワークショップで、それを疑似体験する方法がある。上智大学の出口真紀子さん（文化心理学者）が紹介して知られるようになったものを、ぼくが少しアレンジした。あなただったら、どんなことを感じるか、想像しながら読んでみてほしい。

教室で、先生がこう言う。

「みんなの夢がかなうかを占ってみよう。紙に名前と夢を書いて、丸めて教室の前にある箱に投げ込んでください」

あなたは自分の席から、紙のボールを箱に投げ込む。いちばん前

に座っていたとしたら、うまくボールを入れられるかもしれない。でも、後ろのほうに座っていたとしたら、前にいる人たちが邪魔になって、箱を見ることさえできない。教室のいちばん後ろだったら、ボールを投げても前まで届かないだろう。

先生が箱に入った紙を広げ、そこに書かれた名前と夢を紹介する。この後、先生が「もう一度、夢がかなうか投げてみましょう!」と言っても、あなたがいちばん後ろに座っていたら、「どうせ投げても無駄だ」と、次は投げることすらしなくなるだろう。

逆に、あなたがいちばん前に座っていたとしたら、おそらく、後ろの人たちがどんな状況なのか、どんな気持ちでいるかに思いを寄せることはないだろう。投げる前に「先生、これはおかしいです」と声をあげられたら素晴らしい。でも、だいたいは声があがらない。後ろに座った人たちが、「どうせ努力しても無駄だ」と、自分の可能性を追求することすらしなくなってしまうことも、いちばん前に座っていると気づかない。これこそが特権なんだ。

特権をもつ人たちは、共感的理解力(エンパシー)を発揮しなければ、その特権を意識することすらできない。そして、特権を奪われた人たちに協力して、公正なルールを要求することも、ほとんどない。第3部でお話しするように、特権をもつ人たちが問題を自覚し、特権を奪われた人たちのために行動することが、とても大事になっていく。

ここまで、ステレオタイプ、偏見、マイクロアグレッション、差別、特権といった言葉を検討してきた。どうだったろうか。とくに、自分に「特権」がある、なんて考えたことがなかった人がほとんどだったんじゃないかな。

次の第2部では、現実の差別、とくに外国人差別について、歴史のなかで探っていきたいと思う。「おもてなし」が日本の文化だ、なんてことを言う人がいるけど、それはちょっとちがうということがわかると思う。

第 2 部

差別の歴史の上に立つぼくら

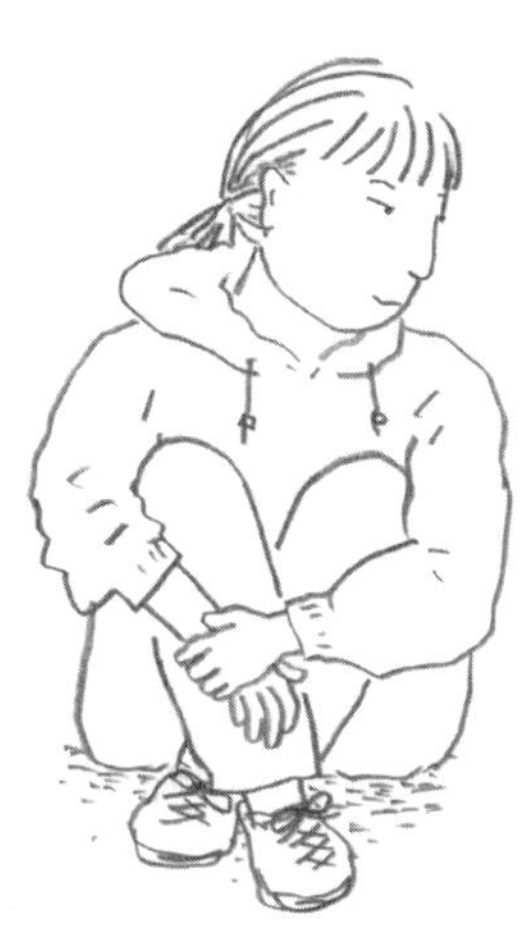

5時間目 この国で外国人はどう生きてきたか

風巻浩

1 在日外国人差別の歴史

移民時代となった日本

日本はいまや「移民時代」に入ったといわれる（日本の政府はそのことを認めようとしないけれども）。２０２２年末の在留外国人数は約３０７万人。その時点での日本の総人口は約１億２４９４万人なので、約２・５％が外国人ということになる。大阪市の人口（同年で約２７６

万人）より多くの外国人が日本に暮らしていることになる。東京の新宿区では住民の8・5人に1人が、大阪の生野区では5人に1人が外国人だ（ともに2023年）。

世界ではどうだろう。国連は、移民を「居住国から少なくとも1年間離れて暮らす人びと」と定義している。この定義からいえば、アメリカの大リーグで活躍する大谷翔平さんは「移民」労働者ということになる。2019年時点で、世界の移民数は約2億7200万人。世界人口の約3・5％（29人に1人）だ。

GAFAと呼ばれる新興巨大IT企業のトップたちを考えてみよう。グーグルのセルゲイ・ブリンはロシア系移民2世。アップル創業者の故スティーブ・ジョブズはシリア系移民2世。フェイスブック（現メタ）のエドゥアルド・サベリンはブラジル系移民2世。アマゾンのジェフ・ベゾスの義理の父親はキューバ系移民1世だ。GAFAの創設者や経営者たちには、それぞれ移民のルーツがある。移民が世界を動かしているといってもいいだろう。もちろん、こうした億万長者と比べものにならないくらい、鞄（かばん）ひとつで移民となる貧しい人びとも世界には多く存在する。

クラスに1人は外国ルーツ

世界のなかで、日本は何番目に移住外国人（居住・仕事目的で長期滞在を許可された人）が多いと思うかな？　コロナ禍前の２０１９年の統計だと4番目。１位からの順位はドイツ、アメリカ、スペイン、日本の順。日本政府は「移民」という言葉をかたくなに使わないけれども、事実上の「移民大国」といえる。

さらに、外国ルーツの日本国籍保有者も暮らしている。ソフトバンク会長の孫正義(そんまさよし)さんのように、帰化という方法で日本国籍をとった人もいる。１９５２年以降、これまでに約60万人が日本に帰化したとされている。テニス選手の大坂なおみさんのように、日本籍と外国籍の両親をもつダブル（ハーフ、ミックスルーツとも言う。それぞれの言いかたに違和感をもつ人がいる）の人びとは85万人以上と推定される。

国立社会保障・人口問題研究所の是川夕さんの試算では、２０１５年の段階で、外国籍の人、外国ルーツの日本国籍者、日本国籍でダブルの人びとを合わせた「外国にルーツをもつ人びと」は、少なく見積もって３３３万人ほどが日本に暮らしているそうだ。38人に１人、つまり１クラスに１人くらいは外国にルーツをもつ生徒がいる割合だ。住んでいる地域にもよるけれど、これはあなたの実感にも近いんじゃないだろうか。

是川さんは、現在のような外国人の流入が続くならば、２０６５年には日本の人口の12％が「外国にルーツをもつ人びと」になると推定している。この数字は、現在のヨーロッパの数字（イタリア12・7％、フランス15・8％）とあまり変わらない。

21世紀の日本は、事実上の「移民時代」に舵を切ったとみることができる。問題は、この「移民時代」に反発するようにして、移民や外国人を憎悪するヘイトスピーチやヘイトクライムが多発するようになっていることだ。

1899年体制とウィシュマさん事件

ここで少し、外国人をめぐる日本の歴史をひもといてみよう。ぼくは世界史の教員だったので、話が少し歴史の授業っぽくなってしまうことは許してほしい。

2021年に名古屋入管でおこった、スリランカ人女性の死亡事件を知っているだろうか。日本語教師を夢見て、インド洋の島スリランカから日本に留学してきたラスナヤケ・リヤナゲ・ウィシュマ・サンダマリさん（当時33歳）が、さまざまな理由で在留資格を失い、収容された入管（出入国管理庁）の施設で病気になり、きちんとした治療を受けられずにいのちを奪われてしまった事件だ。この事件の大もとを考えてみたい。

イギリス生まれでオーストラリア国籍の歴史学者テッサ・モーリス＝スズキさんは、その著書『批判的想像力のために』の中で、「日本人とは何か」を決定する体制が1899年（明治32年）に生まれ、現在にまで続いているとして、それを「1899年体制」と呼ぶ。

この年、日本最初の国籍法が制定される。このとき日本では、国籍とは主として父親から代々継承されるもので、個々人が生まれた場所によって決定されるものではない、という原則が決められた。これを国籍における「血統主義」という（生まれた場所で国籍が決まる場合は「出生地主義」という）。そして、同じ年に決められた勅令（天皇の大権により発せられた法令）で、ごく限られた分野の特殊技能をもった外国人だけが、日本で生活し働くことができることになった。「お雇い外国人」と呼ばれた人たちだ。

つまり、明治期のこのときに日本列島に住んでいた人びとが「日本人（大日本帝国臣民）」であり、その「日本人」に利益をもたらす人だけが日本に居てよい「外国人」だ、という発想が確立した。このことから、日本（人）にとって利益がない外国人は存在すべきでない、という民族差別（レイシズム）の思想が生じてしまった。レイシズムという言葉について、くわしくは後の時間で話そう。

残念ながら、この考えかたは現在まで継続してしまっている。在留資格を失った、つまり「日本人」にもたらす利益がないとみなされた人びとが、人としてのあつかいを受けられない例が多々ある。ウィシュマさんの死亡事件は、この「1899年体制」のなかで起こってしまったと考えられる。

植民地支配を原因とする民族差別

民族差別や外国人差別を考えるうえで、もうひとつの大もとは、かつての日本の植民地支配だ。植民地支配は明治中期からはじまる。それが中国人や朝鮮人に対する差別意識の源泉になってしまった。

明治の初期まで、朝鮮や中国は日本の庶民からの差別の対象ではなく、むしろ尊敬される存在だった。江戸時代に外交使節として朝鮮からやってきた「朝鮮通信使」の一行は各地で歓迎され、記念に書を書いてもらおうと人びとが宿舎を訪れたそうだ。また、江戸時代から明治初期まで、中国の楽器である月琴が全国で流行していた。幕末の江戸城無血開城の功労者である勝海舟は、「朝鮮は日本のお師匠様」と述べている。

ところが、明治期に日本が「近代化」（＝西洋化）を実現したという自意識が、アジアの他民族への蔑視（べっし）につながっていく。「西洋／東洋／日本」という分類自体が、レイシズム（人種差別）により人を分断し差別化していく「人種化」の発想ともいえる（くわしくは7時間目で）。近代化のモデルとしての「西洋」と、近代化する主体としての「日本」、そして近代化に失敗している（という日本からの視線を向けられた）「東洋」という三つに分ける発想だ。

決定的なのは、日本が朝鮮（当時は大韓帝国と称していた）を植民地とし、アジア太平洋戦争に敗北するまで支配しつづけたことだ。植民地というのは、本国のために利用される国や地域のことだ。日本は朝鮮半島を支配するなかで、軍や警察の暴力をもちいて言論や出版の自由を奪い、「土地調査事業」と称して農民から土地を実質的に奪い、「産米増殖計画」で食糧である米を奪い、日本の企業を設立して資源を奪い、本土への「強制動員」で労働力を奪い、最終的には日本の軍人や軍属（軍に雇われて働く人）として、あるいは日本軍「慰安婦」として、いのちや尊厳も奪っていった。それが、1910年から1945年の「日本史」だ。

8月15日を日本では「終戦記念日」と呼ぶけれど、韓国や北朝鮮では植民地支配からの「解放記念日（光復節）」という。そのことを反対側からあらわすなら、この日は日本にとっての「植民地喪失日」ともいえる。1945年の年を暗記するのに「人食う仕事、もうやめた」という覚えかたがある。1910年以来、お隣の国ぐにを「食べて」きた歴史を忘れないために、8月15日を「植民地喪失日」と呼んだほうがいいと個人的には思っている。

そんな過酷な支配をうけていた朝鮮半島から海を渡り、日本本土に生活の場を求める人びともいた。植民地時代に日本に渡ってきた人から4世代の歴史を追う『パチンコ』という小説がある。ドラマ化もされたので、可能なら観てみてほしい。

植民地である朝鮮半島の出身者は、同じ「臣民」（天皇に従属する民）とされ、形式的には外国人ではなかったが、「朝鮮戸籍をもつ外地人」として制度上差別されていた。もちろん、一般の人びとの差別の目も強かった。いまも日本に暮らす在日コリアンのお年寄りで、「子どものとき石を投げられた」といった暴力的な差別体験を語る人は多い。当時朝鮮で暮らしていた在日コリアン1世が、植民地支配者としてやってきた日本人から受けた子ども時代の陰湿な「遊び」について、迅野さんが11時間目で語っている。

植民地朝鮮では、朝鮮民族を大日本帝国臣民として同化する「皇民化政策」という一連の政策がとられた。神社参拝など日本の儀式の強要のほか、「創氏改名」によって日本的な名前に変えることが強いられた。たとえば金（キム）という朝鮮の名前を「金田」といった具合だ。

1945年の敗戦・植民地喪失後

1945年の日本の敗戦と植民地喪失後は、どうなったのだろう。戦争末期には、工場や鉱山への強制動員などを通じて、日本国内に230万人ともいわれる朝鮮人が暮らしていた。戦争が終わり、ようやく植民地支配から独立した朝鮮に帰国する動きも活発だった。しかし1950年には朝鮮戦争がおこるなど、政治的にまだまだ不安定で、帰国後の経済的な基盤もなかったため、日本に残る人もいた。1946年3月に、国内にいた在日コリアン（「植民地喪失日」以後はこう呼ぶことにする）が約64万人という統計がある。

連合軍が日本を占領した当初、在日コリアンは日本国籍をもっていた。それまで大日本帝国の「臣民」だったのだから当たり前だ。しかし、おまえたちは朝鮮戸籍だ、という民族差別をおこない、戦前まではあった参政権も停止されてしまう。そのため、新しい憲法をつくる国会にも、かれらは声を届けることができなくなってしまった。

「国民」すべての基本的人権をうたう日本国憲法が1947年5月3日に施行される。けれども、その1日前、つまり大日本帝国憲法という非民主的な憲法のもとでの最後の日に制定されたひとつの法律を、あなたは知っているだろうか。それが「外国人登録令」だ。

この法令で、在日コリアンは、日本国籍をもつ日本「国民」だが「当分のあいだ、外国人とみなす」とされ、外国人登録のない人は国外への退去強制も可能とされてしまった。外国人登録証の「国籍（出身地）欄」には、朝鮮半島出身者であるという「記号」として、「朝鮮」と記載されることになった。だから、この「朝鮮」は1948年に建国される朝鮮民主主義人民共和国（北朝鮮）を意味するのではない。

日本政府は、在日コリアンを外国人とみなすと同時に、かれらが戦後、母語を学ぶために日本各地で建設してきた民族学校を、日本国籍者なのだから日本の学校への就学義務がある、という理由で暴力的に閉鎖していった。あるときは「おまえたちは日本人ではない」と言い、あるときは「おまえたちも日本人なのだから」と言う。なんという勝手な論理なのだろう。

一方的に国籍を奪われて

サンフランシスコ講和条約が発効し、日本が独立を回復したのは、敗戦から7年後の195

2年だ。このとき、日本中がお祝い騒ぎだったのだが、在日コリアンの人たちはちがった。在日コリアンの日本国籍は、このとき一方的に奪われることになった。支配されていた人びとが解放されるとき、支配していた側の国の国籍を得る権利を認めることは、当時の国際的な動きだった。たとえばナチス・ドイツは隣国のオーストリアを支配したが、ドイツの敗戦後、ドイツ在住のオーストリア人は、ドイツ国籍を得る「国籍選択権」を認められた。しかし日本ではそうはならなかった。

戦前、在日コリアンは大日本帝国臣民（日本人）として日本に暮らしていたのだから、もちろんパスポートも査証（ビザ）も持っていない。それなのに、一挙に「外国人」にされてしまった。パスポートも査証も日本国籍ももたない、「朝鮮籍」という事実上の無国籍状態の人びとが、45万人も日本国内にいることになった。そこで「ほんとうは在留資格がないが、当面は在留を認める」という、あいまいな立場がとられることになった。日本（人）に利益がある人だけが日本に暮らすことを許される、という「1899年体制」の発想は、ここでも継続していた。

2 在日コリアンが変革の主体となる

アイデンティティを明かさずに暮らすこと

戦後、このような無権利状態におかれてしまった在日コリアンの人たちは、その後どのような歴史をたどったのだろうか。

戦争中に、労働力不足を補うために朝鮮人を働かせていた工場などでは、戦地から日本人が戻ってくると在日コリアンの仕事はなくなってしまった。一般の企業でも同様だ。結果、在日コリアンの就業率は低く、貧困のなかで生きる人が多かった。その結果として生活保護を受給する割合も日本人より高くなった。「(母親は)ハルモニ(おばあさん)と磁石を道で引きずって鉄くずを集めていた」とは、空襲で焼け野原になった川崎市臨海部に住んでいた、ある在日コリアン女性の証言だ。

「貧しさ」は学校でのいじめの温床となった。在日コリアンが住む、住環境の劣悪な地域は、地域ごと差別の対象となった。岡山県で子ども時代を過ごした姜博(かんぱっく)さんはぼくと同学年だが、通称名(日本風の名前)で学校に通っていた。「人間らしく生きるしんどさを選ぶ」という文章のなかで、姜さんは自分の子ども時代を「日本人の仮面をかぶり続けた」「みじめであった、オドオドした日本人のふりをする生活」だったとふりかえっている。

朝鮮人としての本名で生きることは、差別を覚悟しなければならなかった。学校でのいじめ、就職差別、住居差別等々。そのため多くの在日コリアンは通称名を使った。戦前の皇民化政策を通じて日本名を持たされていた歴史的経緯があった。

姜さんがふりかえるように、自分の名前や朝鮮人としての自己意識（アイデンティティ）を消して生きることは、けっして人間的なありかたではない。

在日外国人の権利獲得の歴史のはじまり

変化の年は１９７０年だった。このころ、ベトナム戦争が拡大を続け、それに反対する反戦運動が全世界をおおっていた。日本でも「べ平連（ベトナムに平和を！市民連合）」という市民団体がつくられ、各地で活動をしていた。そのひとつの慶応義塾大学のメンバーたちが、ベトナム人留学生の反戦活動を禁じる入管法改正を批判して、70年10月に横浜駅で活動をしていた。かれらと、ある青年が偶然出会うことになる。

それは、朴鐘碩（ぱくちょんそく）さんという青年だった。彼はこの年の8月に、横浜の日立ソフトウェア戸塚工場の就職試験を受けて合格したが、合格後に戸籍謄本（とうほん）の提出を求められた。外国籍の彼に戸籍はない。名前も通称名で受験していた。すると、「日立は外国人を採らない」と採用を取り消されてしまった。当時のアンケートによると、採用で在日コリアンであることを問題視する企業が全体の約8割をしめていたという。そんな時代だった。

朴さんは、横浜駅で出会った学生たちに、自分の採用取り消しの問題を訴えた。もしあなたが慶応の学生だったら、どう言葉をかけただろうか。学生たちの目は遠いベトナムに向いていた。それも大事なことだった。でも、足もとに問題が隠れていたことに、はじめて気づくことになった。

かれらは朴さんの訴えに応じ、この採用取り消しは民族差別だから提訴しようということになった。ここに、在日外国人の権利を求める法廷闘争「日立就職差別裁判闘争」がはじまった。この訴訟は全国的な動きとなり、結果は朴さん側の勝訴となった。外国人の権利を求めた裁判での勝訴は、日本史上はじめてのことだった。日立側は民族差別を認め、それをくりかえさないように文書で確認することになった。もちろん朴さんは、日立に入社することができた。

「ともに生きる」をめざす在日コリアンと日本人市民

この訴訟をめぐる活動は、それだけでは終わらなかった。自分たちの足もとにある無数の差別事象を発見し、それに立ち向かう大きな「うねり」に変化していった。たとえば、市営住宅への入居や児童手当支給などでの国籍差別をなくすことを自治体に求め、在日コリアンなどの外国人に強制されていた指紋押捺に反対する運動も展開されていった。それまで門戸を閉ざされていた、外国籍のまま弁護士になる道も、77年に金敬得（きむきょんどく）さんによって開かれていった。

こうした運動に参加した若者たちの意識も大きく変化していった。本名を使わずにいた多くの在日コリアンに、自分の民族性をあらわす朝鮮名を大事にする動きが出てきた。運動にかかわった日本人は、いままで在日コリアンがこうむってきた差別の実態を知らなかったことに衝撃をうけ、自分自身の「特権」を問うことになった（日本人「特権」については4時間目を参照）。

日立就職差別闘争を支え、指紋押捺反対運動の中心人物であった、在日大韓基督（キリスト）教会川崎教会の牧師、李仁夏（いいんは）さんは、このころ「市民的不服従としての指紋押捺拒否」という文章のなかで、こう述べている（市民的不服従とは、インドのガンジーによる「塩の行進」やアメリカのキング牧師による「バスボイコット運動」に代表されるような、非暴力で社会に異議を申し立てる運動のことだ）。

> （指紋押捺）拒否者の若者たちが闘いのなかで自分のアイデンティティ（自分が何者であるかを発見し自己定立をとげる）を確立した瞬間、かれらは、日本人と共に、互いに尊重しあい、受けとめ合える関係に入っている確信を与えられます。私共の運動は、

その質の故に、日本人の目覚めと、差別体質の克服と国際化を促さずにはおきません。どんな運動も、普遍的真理に支えられないならば、人の心を打つことはできないのです。私共はそういう意味で、「共に生きる」社会を実現することに目標を設定しています。（中略）これから苦難の日々が続くでしょう。しかし、それは、私共が日本人と共に、人間らしい生を享有（きょうゆう）する自由への途上のことなのです。

日本人のふりをして生きることは、もうしないと自覚した在日コリアンと、自分たちは差別する側にいるのだと気づいた日本人が協力した、「ともに生きる」社会をめざす運動が、ここに生まれることになった。

3　1970年代以降の在日外国人の変化と「多文化共生」

「ニューカマー」の増加と在日外国人

在日コリアンと日本人の「ともに生きる」運動がはじまった70年代以降、とくに80年代になると、日本に暮らす外国人は多様になっていく。72年の日中国交回復から80年代にかけて、いわゆる中国帰国者（中国残留邦人とその家族）が多くなっていた。また、75年のベトナム戦争終結後、ベトナム難民は世界的な問題となり、日本にもその対応が迫られた。最終的に受け入れの枠は1万人まで拡大し、ラオスやカンボジアからの難民も受け入れることになった。これにより、インドシナ定住難民といわれる人びとが、「定住促進センター」がおかれた神奈川県や兵庫県の周辺に多く暮らすことになった。

85年のプラザ合意以降、急速に円高となった日本では、いわゆる「バブル経済」の波にのって、外国人労働者が地域に居住するようになる。さらに90年の改定入管法の施行により、日系ブラジル人やペルー人が多く暮らすことにもなった。

これらの人びとは、戦前から日本に居住してきた在日コリアンや華僑（在日中国人）と区別して、「ニューカマー（新たに来た人たち）」と呼ばれる。これに対して、在日コリアンなどは「オールドタイマー」とも呼ばれる。

学校での差別を認めた川崎市

ここからは、川崎市を例としてこの時代を追っていきたい。ニューカマーが増加した80年代、川崎市ではオールドタイマーの在日コリアンが中心になって、市民が川崎市などの行政に呼びかけ、従来の教育が変革されていった時代だった。

最初、市の側は、学校現場では在日外国人と日本人を同じようにあつかっていると言って、差別の実態を認めなかった。しかし実際には、外国人の子どもへのいじめや差別が現存していた。本名が使えない現状もあった。「外国人も日本人も同じようにあつかう」とは、日本人への同化の強要を意味していた。地道な交渉のすえ、市の側も差別があることを認め、86年に川崎市は「在日外国人教育基本方針」を制定することになった。

それ以前は、地域に焼き肉屋が多いことを知っていても、それにどんな文化的ルーツがあるのか、日本の子どもたちは理解していなかった。市の方針が制定されて、地域の歴史を知り、在日コリアンの歴史と文化を知る授業が学校でおこなわれるようになった。先生たちは在日コリアンのさまざまな人びとから直接、差別の実態の話を聞くようにもなった。本名の重要性の認識も、学校現場で少しずつ広がっていった。子どもから老人までを対象に、地域の在日コリアン市民と日本人市民の共生をめざす施設として、88年に「川崎市ふれあい館」が建設された。

ニューカマーもふくめた「ともに生きる社会」に

先に話したように、70年代の日立就職差別闘争をきっかけに、在日コリアンと「ともに生きる」社会をめざす運動が生じた。この運動に、ニューカマーの流入という社会現象があわさったとき、新たな展開がおきることになった。オールドタイマーだけではなく、ニューカマーの存在と、その人権も前提とした社会と教育をめざす動きがおこってきたんだ。このとき、未来の社会と教育をあらわす理念として、「多文化共生社会」「多文化共生教育」という言葉が、おそらく80年代末に使われはじめ、90年代になって文章として残されるようにもなった。

「多文化共生」という言葉を使っている文章で、現在わかっている限り最初のものを、じつはぼくが91年に書いている。それは、10時間目にお話しすることになる、ニューカマーの小中学生に高校生が勉強を教えるクラブ活動の体験をふまえたものだった。

一方的な文化の押しつけ、「同化」政策の一端を日本語教育が担ってしまってはならないだろう。日本はその誤りを戦前に行い、反省もなく、それは現在の教育環境につながってしまっている。「多言語・多文化共生社会の雛形（ひながた）」にこのような定住者の子どもの学習室がなってくれればと願うものである。

（「世界と出会う高校生——開発教育としての日本語ボランティア」）

高校生たちは多文化の子どもたちと出会い、お菓子や踊りや言葉など、さまざまな文化にふれて楽しみ、子どもたちを尊重して、ともに生きるすべを学んでいった。これが「多文化共生」の言葉の原点だ。また大阪でも、92年に「多文化共生」という言葉が使用されている。

最近韓国・朝鮮人以外の外国人の子どもたちが大阪の学校で増加しつつあります。（中略）韓国・朝鮮人と他の新しい仲間の子どもたち、さらには日本の子どもたちが手をとりあって多文化共生の社会を創造する担い手となることを願ってやみません。

（『反差別と人権の民族教育を』民族差別と闘う大阪連絡協議会）

ここで大事な点は、外国人の子どもというマイノリティだけでなく、マジョリティである「日本の子どもたち」も、多文化共生社会の担い手だと論じられていることだ。

ともに生きる社会としての「多文化共生」社会をめざす動き

川崎市では、たとえば、前で紹介した李仁夏さんが牧師をつとめる教会がはじめた桜本保育園では、従来の「民族教育」から、多様な子どものありのままを受け入れる「多文化共生保育」へと教育方針を変化させた。それは、在日コリアンだけではなく、フィリピンなどをルーツとする多様な子どもたちが在園するようになったことが背景にある。園には、さまざまな国の言葉で名前の書かれた歯磨きセットなどがあってほほえましい。

川崎市も新たな変化に対応し、多文化共生の社会をめざすとして、在日外国人教育の方針を98年に改定した。桜本地区にある市立さくら小学校では、年度によって変化するが、以下のような教育がおこなわれる。たとえば1年生から3年生では、遊びや食べものからフィリピンを知る「フィリピンとなかよし」がおこなわれ、3年生では、遊びや楽器を通じた「韓国朝鮮の文化を学ぼう」や、国語で朝鮮の民話「三年峠」がとりあげられる。

地域の在日外国人の変化に対応し、在日コリアンを中心とする川崎の人びとは、差別のない住みやすい地域をつくろうと努力を重ねてきた。しかし、そのような動きを否定し、侮辱することを煽動（あおること）するのがヘイトスピーチをする人たちだ。ともに生きようとする「多文化共生」の対極にあるのが、ともに生きることを否定するヘイトの動きなんだ。

次の時間では、こうした80年代後半からの日本への「移民時代」の幕開けがどんな状況だったのかということに加え、逆に日本から外国へと移民がおこなわれた、さらに昔の時代にどのような現実があったのかについて、迅野さんが話してくれる。移民の話なんて、他人ごとかな。でも、もしかするとあなただって将来、「移民」になることがあるかもしれない……。

6時間目

「入」の現在と「出」の歴史
——日本からの「移民」の歴史、90年代以降の日系人、そしてぼくら

金迅野

1　「ハーフ」と「ダブル」

ぼくは東京で生まれた「外国人」だ。おじいさんが朝鮮半島から渡ってきたことから数えると三代目。東京で生まれた父さんと、自称「江戸っ子」の日本人の母さんのあいだに生まれた。現在は、両親のどちらかが日本国籍をもっていれば、生まれた子は自動的に日本国籍になるけれど、ぼくのころは父系が優先され、父親の国籍が自動的に与えられた（現在は15歳になるまでに、両親の同意のもとに国籍を変えることができる）。

「ハーフ」という言葉もあるけれど、「半分」というよりは、二つの文化をもっているという

意味で「ダブル」や「ミックスルーツ」と言う人が増えている。ちなみに、ぼくの母さんのお姉さんは台湾人と結婚しているから、台湾と日本の「ダブル」のいとこがいる。

幼いとき、お正月に親戚が集まってお祝いをしたときのにおいを覚えている。日本料理のお出汁（だし）と、朝鮮半島の唐辛子やにんにく、そして台湾の八角というスパイスの香りが入り混じった空間のにおい。文化的にちがう背景をもった人間が集うと、小さないさかいもおきるけれど、でも、たいがいは、いろいろな香りが自分をなくすことなく混ざりあうように、それぞれの人たちが、なんとかつながりながら、時にともに涙したり、時に満面の笑顔をかわしたりしながら生きていた。けっして裕福とはいえなかったけれど、少しずつ支えあって生きていた。

「ダブル」とはちがうけれど、ブラジルと日本という二つの文化のあいだを揺れ動きながら生きる友だちのことを紹介しようと思う。宮ヶ迫ナンシー理沙さん。彼女は１９８２年に、ブラジルのリオデジャネイロで生まれた。両親は日系ブラジル人１世。父親は鹿児島、母親は山口から、１９５０年代後半に、家族に連れられてブラジルに移住した人だった。その両親のもとに生まれた理沙さんは、リオデジャネイロで日系人として育ち、１９９１年に渡日して日本の大学院で勉強をした。同世代の在日外国人の若者のメッセージを映像化した映画「Roots of Many Colors」（２００８年）を監督したこともある。上映会を通じて仲間たちとメッセージを発信しつつ、海外から来た子どもたちの学習保障をおこなうＮＰＯのスタッフをしたり、ワールド・ミュージックの雑誌の編集にもかかわった人だ。彼女の思い出を聞いてみた。

1991年に、母といっしょに日本に来ました。来る前、ブラジルで父はずっといろいろなところに履歴書をいっぱい配っていたけど、当時、ぜんぜん仕事がなかったと聞きました。兄弟がいないから、お父さんがけんか相手とか遊び相手でした。お父さんはすごくふざける人だから……。お父さんは90年に先に（日本に）来ていました。ブラジルでは4年生、5年生くらいが初等教育の区切りだから、それまで3年間くらいは単身赴任で行こうということだったようです。でも、お父さんもひとりではしんどいということで、91年に来ることになったようです。

（中略）お母さんは鬼みたいに怖くて、しつけが厳しかった。だから、おふざけがすぎるお父さんと私は、いつも怒られていました（笑）。お母さんは5歳でブラジルに行っているから教育はブラジルで受けているんだけれど、希望する進学はできなかったと思います。だから「勉強できる環境を最大限生かしなさい」と、勉強に対してはとても厳しかったです。教えてくれるっていう感じじゃないけど、「やることはやりなさい」と言われる感じ。宿題とか、眼を光らせているから、私は「優等生」にさせられてたかもしれない。お父さんが日本から、音楽のカセットテープとか、絵本とか、かわいいシールとかいろいろ送ってくるんですが、そのなかに、さだまさしのカセットテープとかがあって、「元気でいるか、街には慣れたか、友だちできたか」とかっていう曲とか聞いてました。さだまさしがまた、見た目がお父さんに似ているんですよね（笑）。だからよく曲を聞いて泣きました。すると「めそめそするな」ってお母さんに怒られるわけ。あのころ、お母さんと二人きりっていうのはきつかった。

（財団法人アジア・太平洋人権情報センター編『外国にルーツをもつ子どもたち』より）

2 二つの数字を比べてみる

ところで、現在の在留外国人の数は２０２２年末現在で約３０７万人なのだけれど、図1のグラフで１９８０年代からの推移を見てほしい。90年ごろを境に大きく増加していることがわかると思う。この増加には理由がある。80年代後半から90年代前半にかけて、日本の経済は「バブル経済」と呼ばれる時期にあって、異常なほどに景気がよかった。異常な景気は90年代中盤にははじけてしまって、それ以来、日本の経済は格差を拡げながら現在に至っている。

当時は、たとえば土地の値段が異様に上がって、土地を売買することで大もうけする人もい

図1　在留外国人の人口

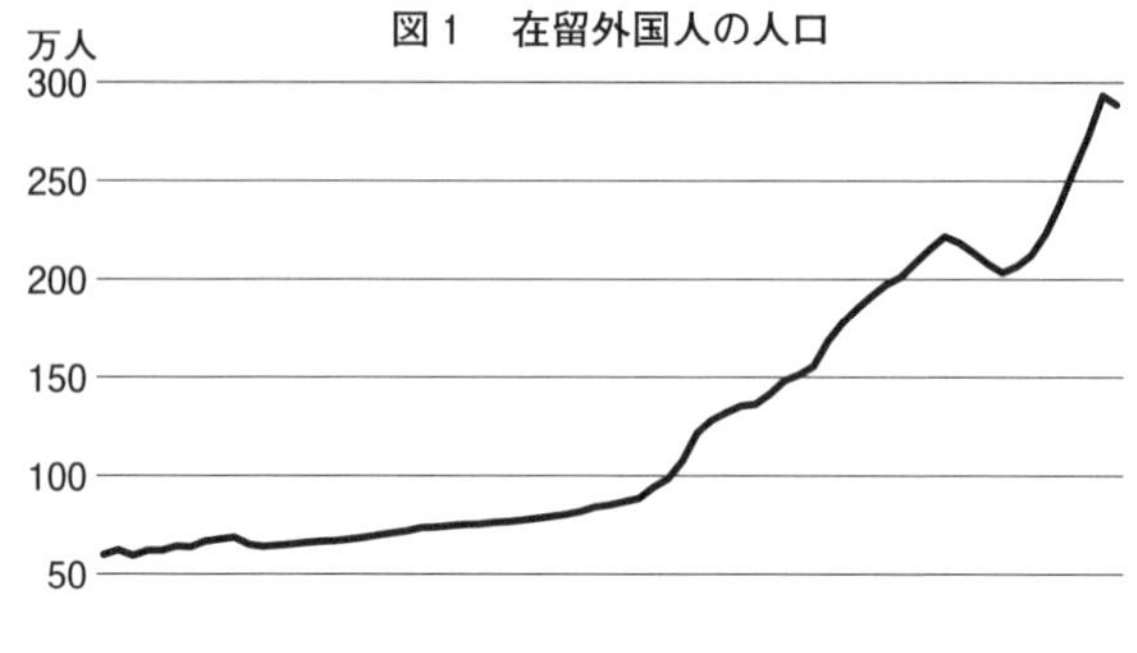

（出所）法務省『外国人登録国籍別人員調査一覧表』，『出入国管理統計年報』および『在留外国人統計』による。各年12月末現在。2011年までは外国人登録者数，2012年以降は在留外国人（短期滞在等を除く外国人および特別永住者）。

たし、給料も破格に高かった。出版社に勤めていたぼくは、ちょっと仕事で遅くなると気軽にタクシーを使って帰ることもよくあったのを覚えている。若い人たちのなかには、一晩の飲み会で10万円使ってしまう人もいるなどという話も聞いたことがある。いま考えると異常としか言いようのない事態。でも多くの人は、熱に浮かされたように日々を過ごしていた。もちろん、トヨタ自動車など日本の基幹産業も順調だった。けれども、景気がいいものだから、日本に住んでいる若い人は、いまさら安い時給であくせく働くなんてばからしいって感じていたにちがいない。実際、3K（きつい、きたない、きけん）と言われていた仕事につく人がいなくて困るという深刻な事態が生じていた。

そこで国が考えたのが、「外国人」を「労働者」

として受け入れるということだった。それまで、3K労働を担ってくれていた外国人は、正規のビザのない「資格外就労」の人たちが多かった。しかし、それを「不法滞在」として問題視する声が高まり、1989年に、それまでビザなしで入国できていたバングラデシュとパキスタンの人たちが、ビザなしで入国できなくなった。そのかわりに90年に法律が「改正」されて、日本にかかわりのある「日系人」を優先的に受け入れることにした。それをきっかけに、南米をはじめとした地からの外国人が急増したのだった。

宮ヶ迫さん一家も、そんな大きな流れのなかで日本に働きに来るようになった人たちだった。では、「日系人」と呼ばれる人びとが、なぜブラジルなどの国に住んでいたのだろうか。日本にいるぼくらは、多くの場合「外国人が日本に入ってくる」というふうに考えるけれど、「日本人が外国に出て行く」ということにはあまり考えが及ばない。いま話しているのは、観光などで海外に出かけてゆくことではなく、生活のために海外に活路を見出そうとした「移民」のことだ。

次のページの**表**を見てほしい。これは明治から第二次世界大戦が終わるまでに、日本から海外に移住した人の数だ。生活のために、日本の地から移民として出て行った人たちの数があらわされている。戦後にも移住は続けられたから、これよりも多くの人が海外に移住したことになる。

表　海外に移住した日本人

年	在朝鮮日本人	在台湾日本人	在外邦人	合計
1900	15,829			
1905	42,460	59,618	*1 138,591	240,669
1910	171,543	98,048	275,745	545,336
1915	303,659	137,229	362,033	802,921
1920	347,850	166,621	541,784	1,056,255
1925	443,402	139,630	618,429	1,201,461
1930	527,016	232,299	740,774	1,500,089
1935	619,005	269,798	*2 1,146,462	2,035,265
1940	707,742	346,663	1,421,156	2,475,561
1945	712,583	*3 397,090	—	—

（出所）田中宏『在日外国人　新版』岩波書店，211頁より。
＊１＝1904年，＊２＝1938年，＊３＝1943年。—は不明。

現在の在日外国人（約３０７万人）と、過去に日本から海外に移民した人の数（約２５０万人）を単純には比較できないかもしれないけれど、「外国人が日本に入ってくる」だけでなく、ある状況のもとでは「日本から海外に人が出て行った」という事実も、あわせて覚えておきたいと思うんだ。

これから、日本の経済や社会が変化するなかでは、もしかしたら、ふたたび大量の「移民」が日本から海外へ移住する時代がくるかもしれない。そのときは、もしかしたらみなさんが、移住先の国で「外国人」として受け入れられることもありうる。

「ともに生きる」という考えを豊かにもつためにも、この考えかたが大事だと、ぼくは思う。

3　日本からの移民の歴史

たとえばグアムに渡った甲州出身三沢菊蔵の場合

先の表よりも前の時代に、日本から「移民」として海外へ渡った人たちの経験を見てみよう。日本が開国してまもない1868年、ハワイ国領事ヴァン・リードが、ロットン・ウィルメン社の求めに応じて、横浜の仲買業者「末広町半兵衛」を通して移民を募集した。職種は農業にたずさわる人、賃金は月4ドル（乗船前に10ドル前払い）、契約期間は3年、往復の船賃と食事・医療は雇い主が負担する、という条件だった。

この募集に、甲州（いまの山梨県）出身の三沢菊蔵という人も応募したのだけれど、以下は、帰国後に山梨県庁に提出された顛末書（報告）の一部を、現代の言葉に直したものだ。

私は（甲州）二の宮村の百姓でありますが、両親は先年病死し、その後は妻と二人で農業を営んでおりました。しかし、不運が重なり貧窮に追い込まれ、田畑は残らず質に入り生活できなくなったために、一一年前に故郷から逃亡し無宿となり、やむなく駿州（いまの静岡県）吉原で日雇いとなりました。ここも、あまりよくなかったために、戊辰（1868年）四月に旧知の駿州厚原村の百姓定兵衛と申し合わせて、横浜の口入屋（仲介業者のこと—金）亀屋亀吉を訪ねて仕事の世話を頼みました。その節、神奈川奉行からのお達しでドイツ国への農業雇い人夫四〇人募集中と聞き、三年の年季で月四両の給金とのことでしたので、応募したしだいです。

この募集に応じて移民した人びとに関連すると思われることが、ちがう史料にも出ている。どうやら、行き先がドイツというのは嘘だったみたいなんだ。

一行は一八六八年（慶応四）四月一〇日に船名不詳の帆船で横浜を出航し、……閏四月一八日にマルヤナスという港へ到着した。マルヤナスから三里ほど離れたタンタンノというところで稲作に従事、肥料もやらないのに収穫は相応にあった。現地の農民男女七〇〇人と一緒に働いていたが、伊平ほか一〇人は追々病死していく。伊平の死後はタモロベージロというものが世話役となったが、彼の移民たちへの取り扱いはひどいものであった。あまりのことに耐えかねて、地元の領事へ世話人の差し替えを願い出たところ、逆に皆が暇を出されて（解雇されて）しまった。現地農民が仕事を覚えたので、日本人は必要ないというのである。帰国しようと思い、給料、預け金などの支払いを求めたが、「契約期間中に死亡者が多かったので出費がかさんで金がない。日本に行く船があれば帰国させるので、それまで勝手に生活するように」と申し渡された。やむなく、近所の人々に頼み込んで飢えをしのいでいたが、この間に数人のものが病死した。……結局、グアム島に渡航した四二人は、現地で死亡したもの一三人（病死一〇人、自殺一人、溺死二人）、一人はタイパン島（サイパン島か）へ行ったまま行方不明となり、帰国できたのは二八人だけであった。（鈴木譲二『日本人出稼ぎ移民』より）

こうした日本人移民たちの生活は厳しいものだったようだ。写真は1890年に撮影されたハワイ島ワイナクの日系人移民の家。幕末に移民たちの実情を最初に知ったのは、このころアメリカを訪れた宇和島（現在の愛媛県）藩士の城山静一という人だった。1868年11月24日付で、城山は宇和島藩への報告書で「先般サンドウィッチ（ハワイ）に送りました奴隷どもは、困罷をきわめているようすが新聞紙上でも知れ

日系人移民の家（1890年、ハワイ島ワイナク）
（Bishop Museum Archives / Photo by Charles Furneaux）

ているところであります。その奴隷のうち、数名がホノルルというところに行き着き、進退窮って自殺してしまったようでございます。それはウェンリードの策略におちいったためと思われ……」などと報告している。

明治政府が成立する以前の初期の日本人移民は、現代でいうブローカーのような存在にだまされて、いのちを落とすような人生をたどったことがわかる。それにしても、「奴隷」という位置づけにはドキッとさせられる。

1868年の明治政府発足の直前に、グアム島の稲作とハワイのサトウキビ農園の賃金労働者として、それぞれ42人と153人の日本人が渡航した。これが「近代における日本移民の最初とされ、日本移民史上では『元年者』と称される移民」だったという（三田千代子『「出稼ぎ」から「デカセギ」へ』）。

江戸時代に制限されていた人口移動は、幕末に活発になった。北海道への植民がはじまったり、急激な工業化などの社会変動によって、人びとの移動は激しさを増した。1866年に幕府が海外渡航禁止令を廃止すると、先に見たように、国外への移民もはじめられた。幕府や藩の命をうけた留学生や、在留外国人の使用人として働く人、少数の芸人なども欧米に渡った。人身売買による女性の密航も増えて、「アジア各地で最下層の労働や売春」（同前）に従事した。娘を身売りせざるをえない状況に追いこまれた人びとの実態は小説にもなっている。

アメリカと南米への移民

19世紀の終わりになると、近代化を急いだ政府の財政は悪化の一途をたどった。国家財政に占める国債の利子は、１８７７（明治10）年には国の全支出の34・6％に達したという。このしわ寄せの多くは農村に及んだ。国家の全収入に占める地税の割合は、１８７５年に88・3％、76年88・1％、77年83・9％。地税は、おもには土地を使って農業をする農民への負担になったから、75年から77年にかけて農民一揆が多発した。物価の値上がりが激しくて、１８７６年に1石（約18キログラム）平均5円1銭だった米の価格は、81年には平均１４４円40銭にまで高騰していたという。当時のスローガンに「一人の移民は三人の食い扶持」というものがあったように、移民はこういう世相のなかで、日本から海外に送り出された人びとだった。

ハワイへの日本人移民が定着するのは１８９５年からだといわれている。１９１０年代末には日本人移民は10万人を超えた。背景には、砂糖をつくる労働者を必要とするハワイ側の事情があった。とくに山口、広島、熊本、沖縄などの出身者が多かったという。ハワイから徐々に、アメリカ本土やカナダへの移民も増えていった。とくにアメリカ西海岸のカリフォルニアへの移民が多く、のちに「リトル・トウキョウ」という日系人の街が形成された。

日本人移民の急増は、アメリカやカナダに深刻な経済・社会問題を引きおこした。すでに排斥を受けていた中国人移民と同様に、安い賃金で働く日系人に対する反感がヘイトを生んだ。日本人は劣悪な環境にも適応し、子どもをたくさんつくり、文化や心理の面で西欧社会との隔たりが大きく、祖国への気持ちも強いため、受け入れ国の社会に順応しにくかったことが、人種差別観を強めたといわれている（まるで、いまの日本で外国人へのヘイトスピーチとして言われることとそっくりじゃないだろうか？）。さらには、日露戦争を機に欧米諸国で主張されるようになった「黄禍論」（黄色人種が白人に災いをもたらすという考えかた）も、移民に対する厳しい視線をつくりだしたという。１９１３年には、カリフォルニア州が外国人による土地の所有を法律で禁止、１９２０年の改正で借地も禁止になった。そして１９２４年には、アメリカ合衆国の移民割当法（排日移民法とも呼ばれる）ができて、日本人移民の渡航が厳しく制限されるに至る。

北米だけでなく南米のブラジルにも、コーヒー農園での労働力として多くの日本人が移民していった。１９０８年にはじまったブラジル移民は、アメリカ合衆国の移民制限強化によって増えつづけ、約19万人が日本から移住した。とくに日本国内での関東大震災や、先にもふれた農村の窮乏によって、最盛期の１９３３、１９３４年の渡航者は計5万人あまりにのぼったという。しかし、しだいに南米への移民も制限を受けるようになり、かわって中国東北部（「満洲」）への侵出という国策に、移民が利用されてゆくことになった。

なお、第二次世界大戦が勃発すると、北米では日系人は「敵国」日本とつながりをもつ者として敵視され、財産の凍結や強制移住などがおこなわれた。

4　移民へのヘイト

下の写真は、1896年にハワイのオアフ島で最初に建てられた日本人学校だ。移民たちは学校をはじめ、寺院、神社、キリスト教会、病院など、自分たちに必要な施設を徐々に建てていった。日本語新聞の発行や、銀行やホテル、日本から「麦わら」を輸入して帽子の製造をおこなう商店、コーヒー園の経営なども増えていった。農園などを中心に、賃金の未払いなどに抗議する日系人の労働運動も多くおきた。

多くの日系人が、自分の〝出身＝ルーツ roots〟によってアイデンティティを練っていたといえるだろう。多

オアフ島で最初の日本人小学校
(『図説ハワイ日本人史1885-1924』B. P. ビショップ博物館出版局, 1985年)

くの移民社会がそうであるように、過酷な状況を生き抜くなかで、日系人たちはそのように「われわれ」をつくっていったのだろう。

しかし、日本とアメリカが戦争状態に入ると、日系人の立場は微妙なものとなっていった。たとえばハワイ社会のなかでは、日系労働者による「労働争議」や日本の海外進出を危険視するムードが生まれ、「日本人問題」と呼ばれたという。「これがわれわれの旗なのだろうか？」というタイトルがつけられた新聞のイラスト（図）は、1920年にハワイのサトウキビ農園でおきた労働争議の際に掲載されたものだ。

やがて日米が戦争に突入すると、日系人の立場はいよいよ危ういものになっていった。1941年にハワイへの真珠湾攻撃がおきると、アメリカ国防省は、「敵国人」である日系人を警戒してハワイを守る前線につかせなかった。日系人たちは憎悪の対象になり、家の壁に「No Japs Wanted（日本人お断り）」などと書かれたり、財産を没収されて強制的に収容所に収容されたりした。

こうした迫害をうけながら、むしろ、日系人の2世

英字新聞のイラスト（1920年）
（The Pacific Commercial Advertiser, in Roland Kotani, *The Japanese in Hawaii*, The Hawaii Hochi, 1985.）

たちはこぞってアメリカ軍の徴兵に応じた。移民1世の多くが日本とのつながりを濃くもっていたのに対して、アメリカ（ハワイ）生まれの2世たちは、アイデンティティの危機のなかで「自分が何者であるか」を表現する必要に迫られたといえるだろう。1943年に国防省が、アメリカ軍第100歩兵大隊に1500人の募集をはかったところ、1万人近い日系人が応募したという。

5 移民の生活から生まれたすてきな文化
── From Bento to Mixed Plate

アメリカのロサンゼルスに「全米日系人ミュージアム」がある。1985年に、第二次世界大戦の日系退役軍人と、リトル・トウキョウの日系人ビジネスマンによって、小さな非営利団体として歩みをはじめた（日本語のサイトもあるからのぞいてみてほしい。www.janm.org/ja）。

このミュージアムは1990年代に飛躍的に発展するのだけれども、その背景には、アメリカやカナダでおきた「リドレス」運動があった。その運動は、過去の財産凍結や強制移住など、日系人が経験した苦悩の歴史を記録しなおす（redress）ことをめざしたものだった。日本では

「戦後補償」と訳されたけれど、この言葉の意味はもっと大きい。それはたんなる物理的・経済的な「補償」ではなくて、国家がしでかしたことがらの歴史を、国家の側が正当化して記録し固定することへの異議申し立てだった。日系人が差別されたのは「敵国人」だから当然、という価値観を問いなおし、苦悩を経験した者の立場から検討し、「ふたたび記録しなおす」ことだった。

その日系人ミュージアムが、1998年3月から99年1月にかけて開催した展覧会がある。「From Bento to Mixed Plate（弁当からミックスプレートへ）」というもの。副題は「多文化社会ハワイにおける日系アメリカ人の祖先たち」。ハワイへの移民1世たちの生活と歴史の展示で、2000年には沖縄で出前展示会をおこなっている。ぼくは直接見たわけではないけれど、知り合いになった学芸員の人からパンフレットをもらった。それは、さまざまな国からハワイに移住してきた移民たちの生活のなかでおきた、交流のひとつの姿についての展示だ。

「From Bento to Mixed Plate」のパンフレット（全米日系人ミュージアム）

日本以外にも、中国をはじめイタリア、ルーマニアなど、さまざまな国ぐにからの移民が、サトウキビ畑でともに作業をしていた。どの国の出身者も生活は楽ではなかった。労働の現場は同じだけれど、基本的に出身国の仲間どうしが集まる傾向にあったらしい。そういうとき、同じ国の出身の人どうしが集まってグループをつくることは、みなさんも想像できるんじゃないかな。

でも、あるときから、お昼ごはんの時間にちょっとした変化がおきたらしい。たまたま隣に座った、異なる国の人どうしがおかずを交換しあったんだ。そして、「ほかの人のおすすめのおかずを選ぶこと」が「エチケット」となっていった。日系人の人が持っていた「お弁当」が、ヨーロッパ系の人にはとてもめずらしいものだったらしい。それぞれのランチのおかずを分けあううちに、お弁当箱が働く仲間のおかずで彩られることになる。驚くべきことに、これが、ぼくらがいま当たり前にコンビニやレストランで見かける「ミックスプレート」の起源なのだそうだ。

人は自分が苦しいとき、同じように苦しい目にあっている人を、自分より下に位置づけて、少しでも自分のほうが上だと思いこんで安心したいと思うときがある。「排斥」というのは人のそういう心から生まれてしまうのだろう。でも反対に、同じように貧しく、同じように厳しい生活を送っているものどうしが、なけなしのおかずを分けあうことも、人間にはできるんだ。「排斥」からは、のちの時代に残る文化は生まれないけれど、乏しいなかでも分かちあう経験から新しい文化が生まれて、のちに多くの人に受けとめられるということがおきる。このことから、ぼくらは何を学ぶことができるだろう。

6 ぼくらは何を考えるべきか？
―― roots から routes へ

「日系人」移民が経た苦悩の経験は、いま、ぼくらが生きている社会と無関係だろうか。３Ｋといわれる仕事につく人がいなくなったとき、日本もそういう仕事についてくれる人を必要とした。でもこの社会は、かれらを「移民」と呼ぼうとしない。「移民」という言葉は、移動してきた人の生活の全体を包みこむ言葉だけれども、日本に入ってくる「外国人」は「外国人労働者」とみなされる。最近増えている「技能実習生」にしても、働きながら日本の技術を学んで、自国に技術を持ち帰ってもらう制度という建て前だけれど、内実は「人件費を抑えられる労働者」というのが雇う側の本音だ。家族といっしょに暮らすことが許されなかったり、作業中にあやまって手を切断してしまったのに労災での補償がされなかったり、年間の休暇がたったの7日しかなかったり、仕事の説明もされずに着いた現場は原発の放射能除去施設だったり、妊娠したら即帰国を迫られたりといった、明らかに人権を侵害している事例が報告されているんだ。

かつての日系人移民は、海外でとてもつらい経験をした。そのことを、ぼくらは自分とは関係ない、遠い昔のことと考えていいものだろうか。「国籍」や「出身地」をroots（ルーツ＝自分の根っこ、存在の源）として、人を固定的にとらえてしまうより、その人がどんなものを背負って「いま、ここ」に至ったのか、そのroutes（＝生の道のり、どのようにここまで歩んできたのか）を大事にしたいと思う。「排斥」される側の人がroots（＝祖国）を大事にしたいと思う気持ちの裏側には、roots（＝どこから来たか）をネタに「排斥」しようとする人びとや社会の構えがあるのだと思う。

国家が、あるいは社会が、「おまえはどちらの側なのか」と問うてくることがある。ぼくは、そういう「問い」はとても危ういものだと思う。なぜなら、その問いにはどこかで、純粋化された roots（どこから来たのか）が想定されてしまうから。人間がリトマス試験紙みたいに選別されてしまう、もっとも極端な例は、日系人の人たちも経験した戦争だろう。戦争がおきたとき、もっとも厳しい「ヘイト」がおきた。それは、個人が抱いてきた夢や希望や挫折や、汗や涙が埋めこまれている瞬間瞬間によって紡がれてきたroutesが、ないがしろにされてしまう瞬間なのだと思う。

7時間目 人種差別（レイシズム）とジェノサイド

風巻浩

1 「人種」とは何か

大坂なおみさんの思い

まず、この文章を読んでみてほしい。

私の名前は大坂なおみです。物心がついたころから、人は私を「何者か」と判断するのに困っていました。実際の私は、一つの説明で当てはまる存在ではありませんが、人はすぐに私にラベルを付けたがります。

日本人？　アメリカ人？　ハイチ人？　黒人？　アジア人？　言ってみれば、私はこれらすべてです。私は日本の大阪で、ハイチ人の父と日本人の母の間に生まれました。私は娘であり、妹であり、誰かの友だちであり、誰かのガールフレンドなのです。アジア人であり黒人であり、女性なのです。たまたまテニスが得意だったということを除けば、他の人と変わらぬ22歳です。私は自分自身をただ、「私＝大坂なおみ」として受けとめています。

（『ＥＬＬＥ』ウェブサイト、下地ローレンス吉孝『「ハーフ」ってなんだろう？』より）

これは、世界的なテニスプレーヤーの大坂なおみさんの発言だ。４時間目にも話をした、アメリカで２０２０年、アフリカ系アメリカ人のジョージ・フロイドさんが警察官に拘束され死亡した事件の後に発表されたもの。

大坂さんは、カリブ海の国ハイチ出身のお父さんと、日本人のお母さんのもとに生まれ、国籍は日本とアメリカ合衆国の二つをもっていた。２０１９年に日本国籍を選択して、日本のテニスプレーヤーとして活躍している。大坂さんは問いかけている。「私」をひとつに決めつけることに、何の意味があるというのか、と。

人種差別が「人種」を生み出した

国連の機関であるユネスコの「人種に関する声明」（1950年）によれば、「人種」は生物学的な現象ではなく「社会的な神話」であるとされる。

ナチス・ドイツはドイツ人がアーリア人という優秀な「人種」だと主張して、ユダヤ人をはじめ、ナチスが「劣等」とみなした人びとを絶滅収容所に送り殺害した。人種差別がこのような深刻な悲劇を生み出したため、戦後生まれた国連（国際連合）は、その設立直後に「人種は生物学的な現象ではなく『社会的な神話』である」と表明したんだ。DNAの塩基配列レベルでも、人類は99・9％が同一であるとされる。

人種によるちがいがあるから人種差別がおこる、とぼくらは考えがちだ。たしかに、日本に住まう人たちの多くは、大ざっぱに言えば、黒髪、黒い目、平坦な顔立ちなど、均質な外見をもっている。たとえば、西アフリカのガーナやマリで生まれた人たちと比べれば、そこに外見のちがいはあるだろう。

でも、人類という生物的な「種」はあくまでもひとつだ。アフリカに唯一のルーツをもつ人類は、世界各地に移住しながらそれぞれの地域に順応し、肌の色などを変化させてきた。日本で売られているクレヨンには、かつて「はだいろ」という色があったけれど、最近は「うすだいだい」などと言いかえている。「肌の色」はさまざまで、ひとつの色ではないからだ。

問題は、その外見上のちがいを本質的なちがいとして、人間の「種類」とみなしてランク付けしてしまうことなんだ。「種類」がちがうとみなした人たちを、自分たちより下の存在だとして差別し、支配し、奴隷としてきた人種差別の歴史が、人類の中に複数の人種が存在するという考えかたを生み出してしまった。このように人びとを分断し、差別化し、人種をつくりだしてしまう動きを「人種化」と呼ぶ。

かつて、アフリカのガーナやマリなどに住んでいた人びとが、ヨーロッパの奴隷商人によってカリブ海の島じまや南北アメリカ大陸に売られてしまった歴史がある。ヨーロッパ人はアフリカ社会に銃器を持ちこみ、現地の人びとどうしの対立をあおり、紛争に負けた側の人びとを奴隷として売りさばいた。デフォーの小説『ロビンソン・クルーソー』の主人公も、奴隷貿易船の「船荷」（奴隷のことだ）監督者として乗った船が難破して、無人島に漂着する設定になっている。YouTubeで映画『ルーツ』の動画を探して観ると、当時の奴隷のあつかわれかたがよくわかるだろう。

このように人間をモノとして売買する言いわけとして、「かれら」と「われわれ」は人間の「種類」としてちがうのだという、「人種」の神話がつくられてしまった。当時の科学者も、この「神話」づくりに加担したんだ。

日本には人種差別はない？

「奴隷貿易なんて過去の話だし、アメリカなどではいまも黒人差別があるかもしれないけど、日本にはそんなにひどい人種差別はない」とあなたは思うかもしれない。それについて考えてみよう。

差別とは、社会の中のある人びとが、他の人びとを不平等にあつかい、不利な立場に置くことだと以前に説明した。なかでも人種差別（レイシズム）とは、ある人びとを自分たちより劣った存在とみなして抑圧するとき、その根拠として特定の「人種」を理由とする見方のことだ（人種ではなく「民族」を理由としても、ほぼ同じことになるので、ここではどちらもレイシズムとして話をすすめよう。「人種」と「民族」のちがいは複雑な話になるので、ここでは地続きのものだとして考えておこう）。

5時間目でふれたように、かつて日本人は、植民地とした朝鮮の人びとを差別し、厳しい支配をおこなった。戦後も在日コリアンの人びとは、就職などさまざまな場で差別され、いままた、ヘイトスピーチやヘイトクライム（憎悪犯罪）といった新たなかたちで迫害がおきている。このように、外国人や外国にルーツをもつ人びとを「劣っている」として蔑視し弾圧することは、典型的な人種差別といえる。ちなみに、「人種」や「民族」を理由にマイノリティを劣った存在とみなして攻撃する人びとをレイシスト（人種差別主義者）と呼ぶ。

在日コリアンだけではない。日本に古くからあり、結婚差別などがいまでも生じている部落差別問題を、人種差別のひとつとしてみるべきだと、歴史家の黒川みどりさんが著書『創られた「人種」』のなかで指摘している。さらに、日本の先住民であるアイヌや、16世紀まで独立国家だった沖縄の人びとへの差別も、同じ文脈で考えることができる。

２０２１年に、テレビ番組で、お笑い芸人がアイヌ民族を動物にたとえる発言をして問題になった。また、２０１６年、沖縄県北部で米軍の基地建設に反対して抗議をしていた市民に対して、大阪府警から派遣されていた機動隊員が「土人が！」との差別発言をしている。これらの事件の背景にも、アイヌや沖縄への人種差別があったといえるのではないだろうか。

2　レイシズムとジェノサイド

人種差別はジェノサイド（集団殺害）を生み出す

人種差別は、なぜ非難されるのだろう。それは、たんなる「好き嫌い」ではなく、歴史を見れば、大量殺人につながる行為だからだ。特定の国民・民族・人種・宗教的な集団への大量虐殺を「ジェノサイド」と呼ぶ。ナチス・ドイツによるユダヤの民へのジェノサイドについては話をしたが、第二次大戦後も、ユーゴスラビア内戦時のセルビア人によるムスリム住民の集団殺害や、ルワンダでのフツの人びとによるツチの人びとの集団殺害などがおきてしまった。

大げさに聞こえるかもしれないけれど、戦争や内乱や天災などが原因で、社会の中に一定の緊張や混乱が生じたとき、もともと潜んでいた人種差別意識に火がついて、ジェノサイドの嵐が生じる可能性は、どんな社会にもある。だから、ジェノサイドにつながる人種差別は、あってはならない行為だということが国際的に合意されたんだ。

第二次世界大戦の惨禍を経て生まれた国連は、その設立の時点から「人種、性、言語、宗教による差別なく、すべての者のために人権と基本的自由を尊重するよう助長奨励する点で、国際協力を達成する」としてきた。この理念が結実したものが、1965年に国連で採択された「人種差別撤廃条約」だ。これは、人種差別は悪だとして、それをなくすことを目的にした国際条約だ。日本の政府も、じゅうぶんにその内容を履行（実行すること）しているとはいえないけれど、この条約を1995年に批准（国として受け入れること）している。

ヘイトスピーチのもつ意味――ジェノサイドへのアクセル

ここで、なぜヘイトスピーチを禁止しなくてはならないかを考えてみよう。

ヘイトスピーチとは、その人の属性（生まれもったその人のありかた）を理由にして、マイノリティへの憎悪の感情を広め、排除・弾圧を煽動（あおる）する暴力的な表現行為のことだ。ヘイトスピーチは、たんなる暴言ではない。「殺せ！」などと、まわりの人への煽動であることが問題なんだ。マイノリティへの差別に同意を求め、暴力を誘い、犯罪行為をあおる表現が、ジェノサイドへのアクセルとなる。身体的な暴力や放火などはそれ自体が犯罪だけれど、差別的な動機による場合、ヘイトクライム（憎悪犯罪）として区別される。ヘイトクライムがエスカレートし、集団虐殺にまで至るものがジェノサイドだ。

ネット上やヘイトデモでの発言だけがヘイトスピーチではない。差別を煽動する「表現行為」を広くあらわす言葉だ。たとえば、マイノリティをさげすむような絵を公共の場でかかげたり、SNSでシェアしたり、外国人の排除を訴えるチラシをポストに入れたり、マイノリティへの敵意をあおるような番組を放送することなどもヘイトスピーチといえる。

ヘイトスピーチは、それを向けられた人びとにどんな影響を与えるのだろう。弁護士などでつくる外国人人権法連絡会のまとめによれば、「恐怖、自己喪失感、無力感をもたらし、さらなる被害を恐れて声をあげられなくなる」「PTSD（心的外傷後ストレス障害）を発症するケース」「被害がもたらされないように自らの属性を日常的に隠す」「外出やインターネットの使用を避ける」「生涯にわたり、苦痛と恐怖、絶望の下におかれる」「周囲や社会全体の無関心が苦痛を増加させる」とされる。3時間目の朴錦淑（ぱくくむすく）さんのインタビューを思い出してほしい。

このような悪影響をもたらすヘイトスピーチは、人権として保障されるべき言論・表現の自由の範囲を超えている。これは、国連の人種差別撤廃条約などでも明確に規定されている。表現の自由は大事な人権だが、児童ポルノのように、他者の人権を侵害するような場合には制限されるのと同様だ。

「特権」のでっちあげとフェイク言説

レイシストは、マイノリティを攻撃する材料として、ありもしない「特権」をでっちあげる。4時間目でみたように、日ごろ意識しないが「特権」をもつのがマジョリティ（日本社会なら、日本国籍をもつ日本人）であり、それを奪われているのが在日コリアンなどのマイノリティだ。ところが、かれらは、たとえば在日コリアンの「特別永住」という在留資格を「在日特権」だという。

5時間目で話したように、在日コリアンは1952年までは日本国籍をもっていた過去をもつ。そのため「特別永住」という比較的安定した在留資格になっている。レイシストは、それを優遇された「特権」だとする。また、在日コリアンの生活保護を受ける割合が日本人より多いのは「不正受給」であり「逆差別だ」とレイシストは主張する。在日コリアンで生活保護を受ける人の多くは高齢者で、1982年まで日本の年金制度から排除されていたため、一部には無年金者もいるということは知らないか、あえてふれない。

こうした、ありもしない虚構や、あったとしてもごく一部の例を、あたかも「在日」という集団全体の悪しき性質だと誇張して言いふらすことも、ヘイトスピーチになりうる。残念ながら日本社会では、こうした言説を正当化するフェイクニュースが、ネットや書籍でもあふれている。そこには、日本(大日本帝国)が過去におこなった植民地支配やアジア侵略という負の歴史を否定し、正当化したいという欲望が密接に結びついている。

法律によるヘイトスピーチの規制

こうしたヘイトスピーチやヘイトクライムが、実際にマイノリティの生活をおびやかすようになれば、法律によって阻止・規制しなくてはならない。日本では在日コリアンと市民による運動があり、ヘイトスピーチを規制する法整備に関する動きが強まっていった。ヘイトデモの標的となった川崎市の桜本地域を超党派の国会議員が視察し、被害者の声が届けられ、2016年に「ヘイトスピーチ解消法」が制定された。ここではじめて「ヘイトスピーチは許さない」「ヘイトスピーチがない社会を実現する」と国が宣言し、そのための法整備をおこなうことになったのだ。ヘイトスピーチを犯罪として処罰する規定はないという限界はあるが、在日コリアンや在日外国人の尊厳を法律で支える、大きな一歩になった。

前に述べた国連の人種差別撤廃条約では、人種的な憎悪を広めることや、人種差別を煽動することを犯罪とする法律の制定を国に義務づける条項があるが、日本政府は、条約を批准したときにこの条項を「留保する」として除外してしまっている。

多くの国ではヘイトスピーチを犯罪とし、差別そのものを禁止する「差別禁止法」が制定されている。日本には差別禁止法がないため、選挙活動を隠れみのとしてヘイトスピーチをおこなうような「極右」政治家も出てきてしまっている。人種差別撤廃条約を批准する先進国として、ヘイトスピーチ解消法をさらに発展させ、差別を禁止する法律をつくる責任が国にはある。

人間どうしとして出会い直しませんか

国のヘイトスピーチ解消法に続いて、川崎市でも2020年に「川崎市差別のない人権尊重のまちづくり条例」が発効した。ヘイトスピーチ行為に対する罰則をともなった、全国でもはじめての画期的な条例だ。

川崎市ふれあい館の館長である崔江以子(ちぇかんいぢゃ)さんは、在日コリアンの人たちが安心して暮らせるよう、川崎市の条例制定でも努力を重ねてきた。しかし、こうした運動の先頭に立ってきたことで、崔さんはレイシストたちからの執拗なヘイトクライム、ヘイトスピーチの対象とされてしまっている。ネット上にあふれる何万件ものヘイトスピーチのために、崔さんは不眠、難聴などに悩まされ、外出するときは自衛のために防刃ベストやアームカバーをつけているそうだ。一般市民が防刃ベストやアームカバーをつけなくてはならないということだけでも異常事態だ。

それでも、崔さんはレイシストに「人間」を見ていく。ヘイトデモの中心人物に、危険もかえりみず「共に生きましょう。人間どうしとして出会い直しませんか」と書いた手紙を手渡しもした。その行動の背景には、桜本地域のハルモニたちの存在があったと、崔さんは「約束の成就に向けた前進」という文章に書いている。ハルモニたちは、レイシストの攻撃の対象になっていたにもかかわらず、「差別なんかやめて（桜本に）ご飯を食べにくればよいのに」と発言していたんだ。こんな懐の深い発言は、なかなかできるものじゃない。

1960年代、アメリカ公民権運動の中心人物であったキング牧師の有名な演説、「黒人の少年少女と白人の少年少女が手をとることをわたしは夢見る」との言葉を、あなたも知っているだろう。この言葉は南部アラバマ州の白人レイシストを念頭においていた。差別をするレイシストの良心に訴えようとする崔さんや桜本のハルモニたちに、ぼくはキング牧師につながる深くあたたかなまなざしを感じてしまう。

差別アクセルと反差別ブレーキ

次のページの図で、これまでのところを整理してみよう。この「レイシズムのピラミッド」では、ピラミッドの上にいくほど犯罪性が高く、より大規模にマイノリティの生活や人権を侵害する。その動きをより強める上向きの動き（差別アクセル）と、弱めようとする下向きの動き（反差別ブレーキ）があり、そのせめぎあいのなかで、最悪のジェノサイドへと向かう圧力が、なんとか抑えこまれていることも示している。

ヘイトスピーチ解消法成立後も続くヘイトクライム

ヘイトスピーチ解消法が成立し、一時期に比べればヘイトデモの勢いも弱まったが、残念なことにヘイトスピーチの動きは止まっていない。それどころか、人種的憎悪を背景にした明らかなヘイトクライムが姿をあらわしているのが現状だ。

川崎市では2020年の正月、在日コリアンの殺害を予告する文面のはがきが、崔さんが館長をつとめるふれあい館に届いた。明らかなヘイトクライムだ。その後、同館の爆破予告も川崎市宛てに届いた。脅迫状を送った犯人は逮捕されたが、なんと市の元職員だった。

2022年には、ヘイトスピーチをおこなう集団の一員が、ツイッターに「武装なう」とし

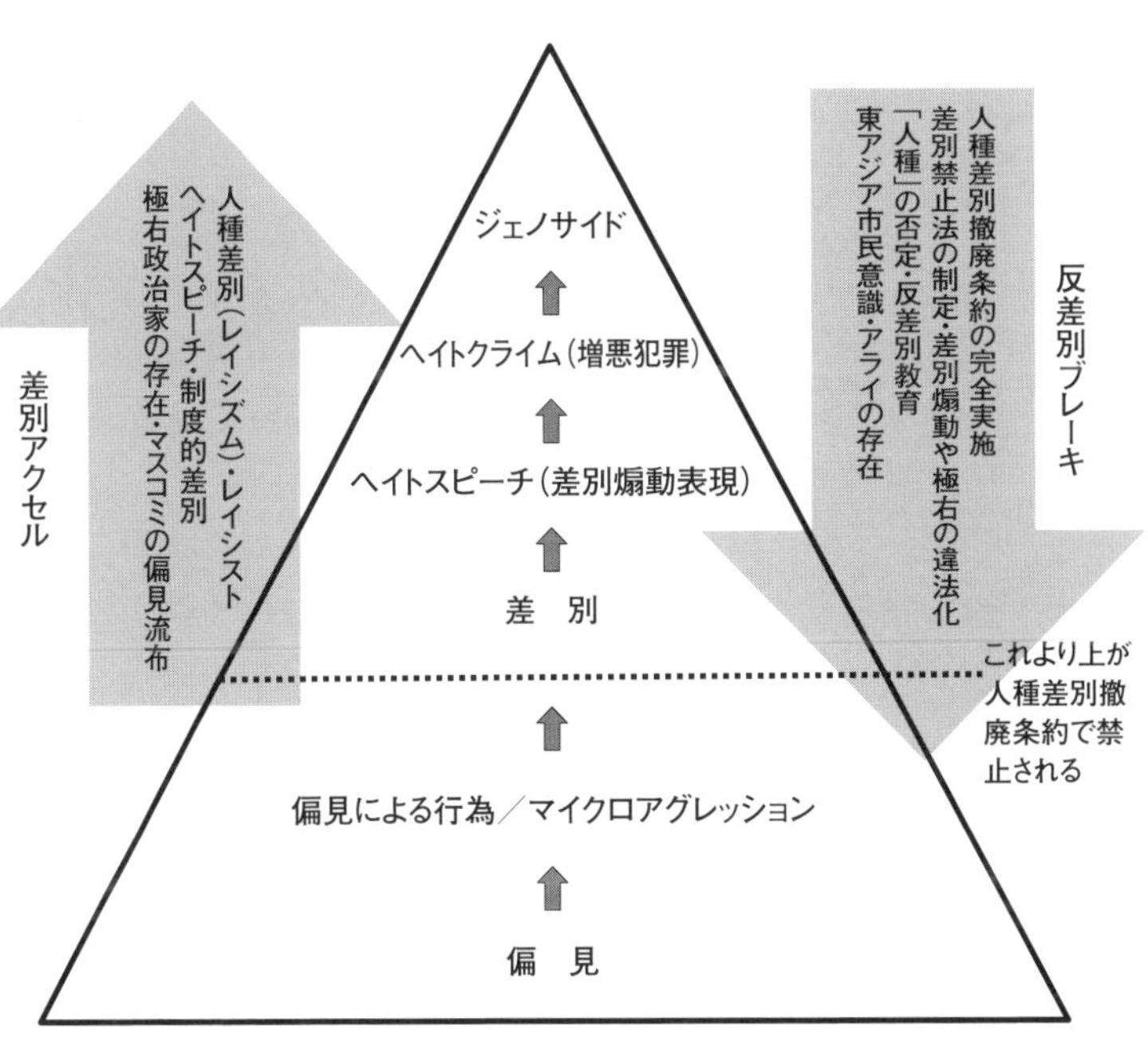

図　レイシズムのピラミッド／差別アクセルと反差別ブレーキ

（出所）梁英聖『レイシズムとは何か』（筑摩書房）の図を元にして風巻作成。

て柳刃包丁3本を持った写真を投稿した。ヘイトクライム実行の意思とも受け取れる。日本での新たなジェノサイドの可能性はないのだろうか。

3　日本でのジェノサイドの可能性

関東大震災と朝鮮人ジェノサイド

「日本でのジェノサイドの可能性」とぼくは書いた。こうした危惧(きぐ)は大げさだと思うだろうか？　いまの日本で、ナチスのユダヤ人虐殺やルワンダ虐殺のようなジェノサイドがおこるわけがない、と思うだろうか。でも、この日本でもジェノサイドは過去におきている。それも、あなたたちのひいおじいちゃんが生きていたくらいの近い過去に。

100年ちょっと前、1923年の関東大震災のときの朝鮮人虐殺事件がそれだ。大地震のあと、「朝鮮人が井戸に毒を入れた」といった根も葉もないうわさが広がり、軍隊や警察の主導によって各地で自警団（住民がみずから武器を手にコミュニティを守ろうとする集団）が組織化され、少なくとも数千人の朝鮮人や中国人が虐殺された。東京や神奈川だけでなく、街道沿いに埼玉など広い範囲で事件はおこっている。明らかなジェノサイドと言っていい。

この4年前の1919年に、日本の植民地にされた朝鮮で「三・一独立運動」という大規模な抵抗運動がおこった。運動は平和的な手段によるものだったが、日本の支配層はこれに危機感をつのらせていた。独立という「陰謀」をくわだてる、恐ろしい「不逞鮮人」(好き勝手をする朝鮮人ということ。差別用語なので使用厳禁)というヘイトスピーチを、政府の広報や新聞が以前から広めていたことが、震災時にジェノサイドへのアクセルとなってしまった。人びとは震災後の混乱のなかで、怪しいとみた相手に「十五円五十銭」といった朝鮮人に発音がむずかしい言葉を言わせて、「日本人」かどうかを見分けたそうだ。恐怖のため、あるいは地方の出身でうまく発音ができなかった日本人も被害にあっている。

2022年に、安倍元首相が選挙演説中に殺害されたとき、直後から「犯人は韓国人だ」というデマがネットに出まわった。そのとき、韓国からの留学生たちのあいだでは、外で韓国語を使うのを控えようといった注意が交わされたという。関東大震災のジェノサイドの記憶は、いまも消えていない。

未来の震災時への不安

関東大震災では、朝鮮人へのヘイトスピーチからジェノサイドがおこった。1995年の阪神淡路大震災のときも、「外国人窃盗団が荒らしまわっている」といった根も葉もないうわさがあったが、ヘイトクライムまではおきなかった。2011年の東日本大震災のときは、一歩まちがえればヘイトクライムがおきてもおかしくない事態がおきていた。震災の現場を訪れていた極右団体が、「中国人がいたら、殺してがれきに埋めればよい」というヘイト発言をしたものがウェブ上に残っている。たまたま、そこに通りがかりの外国人がいなかったから事件にならなかっただけかもしれない。

2000年に、当時の石原慎太郎・東京都知事が「不法入国した多くの三国人（在日コリアンや在日台湾人をさす差別用語。これも使用厳禁）、外国人が非常に凶悪な犯罪をくりかえしているので、大きな災害がおこったときには陸上自衛隊が出動し、治安維持を遂行してほしい」と発言した。この発言は問題になり、後日、知事は「差別意識の解消と人権施策の推進に努める」と説明したが、謝罪はしなかった（くわしくは岡本雅享「日本におけるヘイトスピーチ拡大の源流とコリアノフォビア」）。このような公人によるヘイトスピーチをそのままにしてしまったことが、2011年の極右団体の発言につながったとも考えられる。

2016年の熊本地震の際にも、ツイッター上で「朝鮮人が井戸に毒を投げ込んだ」といったヘイトスピーチの投稿が相次いだ。さらに深刻だったのは、余震が続くなか、福岡県行橋市のある市議会議員が「朝鮮人が井戸に毒を入れたというデマが飛び交うことに対しては仕方がないという立場である」と、ヘイトスピーチを認めるような主張をブログに記したことだ。この議員は、さらに続けて「治安に不安がある場合は、自警団も組むべきだろう。（中略）しかし、疑心暗鬼から罪なき者を処断する・リンチしてしまうリスクも存在する。そうなって欲しくはないが、災害発生時の極限状態ゆえ、どう転ぶか分からない」と、ジェノサイドの可能性さえもほのめかした。ブレーキをかけるべき政治家が、逆にジェノサイドへのアクセルとなる発言をしてしまったのだ（梁英聖『日本型ヘイトスピーチとは何か』参照）。

現実におきてしまったヘイトクライム

2021年8月、京都府宇治市のウトロ地区で放火事件がおこり、民家など7棟が全半焼した。死者が出てもおかしくない事件だった。ウトロ地区は、戦前から在日コリアンが暮らす地域だ。その後、逮捕された犯人は、ウトロ地区が在日コリアンらによる「不法占拠」だとする記事をネットで読んで、この行為におよんだことを記者への手紙に記している。明らかなヘイトクライムであり、ジェノサイドへの階段を一段昇るような事件だったといえる。

ヘイトスピーチ解消法の主旨に照らしても、日本政府は放火の動機が判明した時点で、「このようなヘイトクライムを絶対に許さない」という姿勢を即時に広報して、きちんと明示すべきだった。しかし、そのような広報はなかったし、マスコミも最初はふつうの火災と同じ程度にしか報じず、大きなニュースにしなかった。

この放火事件の犯人には、2022年に京都地裁で懲役4年の実刑という判決が下された。裁判長は「在日韓国朝鮮人という特定の出自を持つ人々に対する偏見や嫌悪感等」を動機とした犯行であり、「民主主義社会では到底許容されるものではない」と非難した。しかし、弁護団が求めていた「差別が原因の差別犯罪（ヘイトクライム）だ」という明確な言葉はなかった。

ジェノサイドへの動きに明確にブレーキをかけるためには、やはりブレーキとなる「差別禁止法」の制定が必要だ。でも、法律ができただけでは不十分で、ブレーキをめいっぱいに踏みこむ、ぼくらの身体が必要になってくる。次の第3部では、「ともに生きる」ためのレッスンを考えていきたい。

第 3 部

「ともに生きる」ためのレッスン

8時間目 ぼくらは差別と無関係なのだろうか？

風巻浩

1 「いじめ」と「差別」

いじめのメカニズム

ヘイトスピーチやヘイトクライムを生み出す差別は、なぜ生まれるのだろう。社会的な差別の問題を考える前に、まず「いじめ」のことを考えてみよう。

あなたの学校のクラスにいじめはないだろうか。

学校のクラスもひとつの小さな社会だ。教師だったぼくが言うのもなんだけど、日本の学校にはリラックスできる「余白」が少ない。メンバーが固定的であることが問題を深刻化させる。「クラスみんないっしょに仲良く」という同調圧力が、いじめの温床にもなりうる。この言葉を教師が言ってしまいがちなことが、問題を深刻化させる。

いじめっ子は、「観衆」といわれる取り巻きの同調者といっしょに、クラスの中で「特権」を獲得しようとする。だれかを「周辺」の立場に置くことで、自分たちがクラスの中で特権的な立場になれるからだ。特権を獲得した人たちがクラスの「中心グループ」（マジョリティ）だ。反対に、心理的または物理的に攻撃され、中心グループに従わされるのが「周辺化された人びと」（マイノリティ）としての、いじめられっ子だ。周辺化することを、いじめ現象では「ハブる」という言葉であらわすことがある。

いじめっ子は、いじめられっ子の「ふつう」ではない部分を切り取って、いじめの理由をつくる。たとえば、授業での答えかたが変だ、転校生でイントネーションがおかしい、ノリが悪い、空気が読めない、などなど。それ自体は良くも悪くもない、ちょっとした「ちがい」にすぎない。

「いじめ」と「差別」は多くの点で似ているけれど、いじめ現象では、中心グループと周辺化された人びとの立場は流動的で、かつてのいじめっ子が、なにかのきっかけでいじめられっ子になる場合もある。逆に言えば、いじめられっ子がいじめっ子になる可能性もある。もともと、いじめの理由とされた「ちがい」が大した意味のない特徴にすぎないのだから、当たり前といえば当たり前だ。

他方、民族差別などの差別は、「○○人」（○○国籍、○○出身）といった、自分では変えようのない「属性」（その人のありかた）によって差別する側とされる側が固定されてしまうから、簡単にそれが逆転したりはしない。多くの日本人は日本社会にいる限り、「特権」を持つものとしてマジョリティのままでいられる可能性が高い。

重要なのは「傍観者」が変わること

いじめを止めるために、いちばんの鍵を握るのが、何も言わず取り巻く「傍観者」だといわれる。かれらが何も言わないことが、いじめっ子や同調者の行為を支持することになり、そのいじめをエスカレート（増長）させることになる。逆に、傍観者がかたわらで見ているのではなく、いじめを止める「仲裁者」に変身できれば、いじめは解消に向かう。でも、「傍観者」が自分を変えることは、なかなかむずかしいのも事実だ。

このことは、民族差別やその他の差別（障がい者やＬＧＢＴＱ＋への差別など）でも同じことが言えそうだ。

2 「青い目茶色い目」の授業と差別のメカニズム

差別をつくりだす授業

ふつうの人びとが、つねに差別者になる可能性があることを示す、有名な教育実践がある。「青い目茶色い目」という授業だ。

1960年代のアメリカ合衆国では、アフリカ系アメリカ人（黒人）への差別に抗議し平等な人権を求める「公民権運動」が展開されていた。その運動の中心人物であったキング牧師が、68年に暗殺された。この暗殺事件に衝撃を受けた小学校の先生が、暗殺の翌日に、ひとつの実験的な授業をおこなった。この授業をしたのはジェーン・エリオット先生。学校があったアイオワ州のライスビルという町は、町民全員が白人で、生徒も全員が白人だった。もちろん、エリオット先生も。

エリオット先生はこう考えた。人種的偏見は不合理だとか、人種差別はまちがっているとかは、だれでも言われれば「理解」する。それでも、人は差別を続けたり、ほかの人の差別的行為を許したり、差別廃止のための努力を怠(おこた)ったりしてしまう。差別とはどのようなものか、どんな仕打ちなのかを、子どもたちが「自分で発見する」ことを助ける方法を試すべきだ、と。

エリオット先生には苦い経験があった。自分は人種差別をしていないつもりだったが、転勤中に家を貸しだそうと考えていたとき、借りたいという(おそらく黒人である)電話の相手に「白人用ですか、黒人用ですか」と訊かれ、とっさに「隣近所はみな白人です」と言って、事実上断ってしまったんだ。「隣近所は白人ですが、見にいらしてください」と言えず、過ちをおかしてしまったという悔しい思いが、世界が注目する教育実践をつくりあげていった。

68年の第一回目の実践は、不安もあったが無事終了し、その後、毎年続けられた。3年目の70年の授業はテレビの取材をうけ、日本でも何回も放送された。インターネットで検索すれば、きっと出てくる。また、ウイリアム・ピータースによって『青い目茶色い目』という本にまとめられている。

以下はテレビで放送された70年の実践のもようだ。3年生16人のクラスの授業のはじめに、エリオット先生(以下、発言は**エ**)は、子どもたち(以下、発言は**子**)に、こう語りかけた。

エ　アメリカで、兄弟のようにはあつかわれてない人びとって、いるかしら?

子　黒人! インディアン!

エ　黒人の子どもたちの気持ちを知りたい?

エ　今日は、みなさんの目の色で判断することにしたらおもしろいかもしれないわね。やってみたい？（賛同する子どもたち）

エ　それでは、先生の目の色が青いので、最初の日は青い目の人が偉いということにしましょう。青い目の子はみんないい子です。茶色い目の子は、水飲み場を使わないこと。茶色い目の人は、青い目の人と遊んではいけません。茶色い目の子はダメな子だからです。

　茶色い目の子どもたちは、下の立場であることをあらわす「えり」をつけることを指示される。茶色い目の子たちは落胆し、ふさぎこみ、時にいらだち、青い目の友だちと遊べないことを悲しむ。逆に青い目の子たちは、はしゃぎ、時には茶色い目の子たちにバカにしたような嗤（わら）いを向け、「バカだから」と非難していく。

　茶色い目の男の子と、青い目の男の子が昼休みにケンカをする。原因は、青い目の子が「茶色い目！」と言ったことだった。「茶色い目」という言葉が「差別語」に

エリオット先生と子どもたち
(janeelliott.com より)

なってしまったのだ。差別の対象となってしまった茶色い目の子どもは「茶色い目という言葉は、黒人をニガー（黒人に対する差別語。使用厳禁）と呼ぶのと同じさ」と語る。

しかし2日目は、今度はたがいが逆の立場を体験することになる。

エ 先生は昨日、青い目の人のほうが偉いと言いましたが、じつはまちがいでした。茶色の目の人は「えり」を外して、青い目の人につけてあげなさい。

エ 茶色の目の人は、青い目の人より5分余計に休み時間をとってよろしい。青い目の人は、誘われなければ、茶色の目の人と遊んではいけません。

子どもたちは、両日とも簡単なテストを受けた。茶色の目の子たちは、前日より成績を大幅に上昇させるが、青い目の子たちは成績を落とす。自分が認められる環境にいること、自信をもつということが成績を上昇させたんだ。逆に、差別され、自信を失い、投げやりになると、成績が下がってしまうのだった。

2日目の授業の最後で、エリオット先生は子どもたちに呼びかけた。

エ 今日「えり」をつけていた人たちは、どんなことがわかりましたか？

子　昨日の茶色の目の人たちの気持ちがわかった。

子　鎖でつながれた犬みたい。

エ　目の色は、あなたたちがその人をどうあつかうかということに関係ある？

子　ノー！

エ　いい人か悪い人かは、肌の色で決まりますか？

子　ノー！

エ　それでは「えり」を取りましょう。

子どもたちは一斉に「えり」をごみ箱に捨てる。歯でずたずたに切り裂く子もいる。

エ　いっしょに座りましょう。また元の仲良しに戻ったかしら？

子　イェース！

大事なのは「学びほぐし（un-learn〔アンラーン〕）」

「青い目茶色い目」はとても恐ろしく、同時にさまざまなことを考えさせられる授業実践だ。

この実験授業からわかることはなんだろう。エリオット先生がつくりあげた枠組みによって、仲が良かった子どもたちは簡単に差別者となっていった。差別を「楽しむ」場面も見受けられた。先生がふりかざす、支配をうながす権威が、差別する「正義」を子どもたちに与え、ふだんはしないような悪をつくりあげていった。つまり、差別には意図的にアクセルをかけることができる、ということだ。このことは、7時間目で説明したように、ヘイトスピーチがヘイトクライムからジェノサイドへという「悪の増幅」をもたらすことを理解するために大事な視点だ。そして同時に、差別にブレーキをかけることも可能だということもわかる。差別は社会的につくられていくものなのだ。心の中につくられたものなら、それをなくすことも可能だ。

エリオット先生は、2日間の授業の最後に、支配されるマイノリティの象徴として使われていた「えり」を子どもたちに捨てさせ、学んだことを一度リセットする「学びほぐし（un-learn）」をさせた（「学びほぐし」については、迅野さんが11時間目でくわしく述べる）。そして、子どもたちを輪になって座らせ、語りかけた。「いっしょに座りましょう。目の色が何色かってことは重要かしら？」

テレビ番組のカメラは、大人になった元生徒たちを追いかける。この授業で差別者と被差別者の両方の立場を体験した子どもたちは、大人になっても、差別をつくりあげる権威から自由でいることができた。

3　アイヒマン実験と差別

アイヒマン実験とは

ふつうの人びとであるぼくらが「悪」になる可能性を示す、もうひとつの有名な実験がある。それがアイヒマン実験だ。スタンレー・ミルグラムというアメリカの心理学者がおこなった実験で、これもテレビで何回も紹介されたので、インターネットで検索すると出てくる可能性がある。以下、その著書『服従の心理』にしたがった実験の詳細を説明しよう。

実験の過程はこうだ。まず、「記憶の実験の参加者求む」という広告が出される。集められた被験者（実験に参加する人）は、くじ引きで教師役と生徒役に分けられる。生徒役になった人は別室に入り、電気イスにしばりつけられ、答えをまちがうと電気ショックをうけることになる。

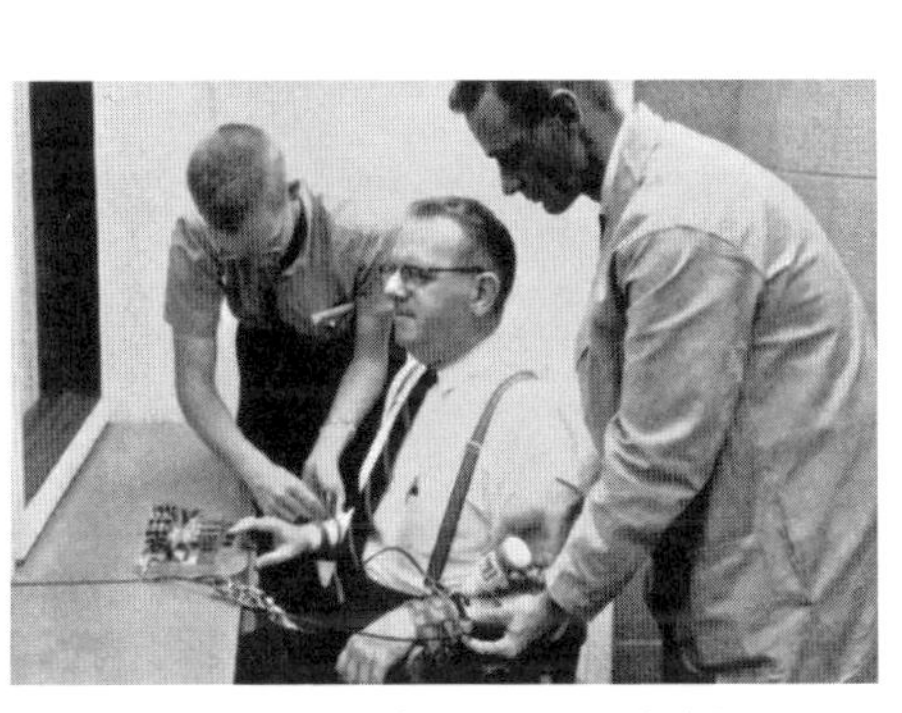

電気イスにしばりつけられる被験者

単語のペアを記憶する問題が出される。たとえば「青い―箱」「よい―日」「野生の―鴨」などのペアが示されたあとに、生徒役は「青い」とペアになっていた単語を「空、インク、箱、ランプ」のなかから選び、四つのスイッチのひとつを押すことになる。

いっぽう、教師役の被験者の前には「ショック送電器」が置かれてあり、そこには15ボルトから450ボルトまでの電圧レベルが表示されている。教師役は、生徒役がまちがった答えをするたびに送電器のスイッチを押すことを命じられる。そして、さらにまちがうと電圧レベルを段階的に上げるように言われる。教師役が電圧を上げることをためらったときには、実験者からこのように言われる。「お続けください」「実験のために、あなたは続けることが必要です」「あなたが続けることが絶対に不可欠です」「迷うことはありません。続けるべきです」

生徒役のからだに損傷が残るのではと教師役が尋ねると、実験者はこう言う。「ショックは痛いかもしれませんが、皮膚組織に損傷が残ることはありません。ですから、どうぞお続けください」

教師役が「生徒役は、やめたがっている」と言った場合は、「生徒がどう思っても、彼が単語のペアを正しく学習するまでは、続けなくてはなりません」と言われる。

ここで質問。あなたが教師役だったら、どこまで電圧を上げるだろうか。

実際に実験をすると、生徒役はまちがえつづけ、教師役はそのたびに電圧を上げてスイッチを押すことになった。120ボルトになると、生徒役は、ショックが苦痛になりはじめたと大きな声で言う。135ボルトでは苦しいうめき声が発せられ、150ボルトでは絶叫する。絶叫がだんだんと強くなり、180ボルトでは「痛くてたまらない」と叫び、270ボルトでは苦悶の金切り声。300ボルトでは「答える気がしない」と絶望的に叫ぶ。315ボルトでは、すさまじい悲鳴をあげ、330ボルト以降は何も聞こえてこない。しかし、無回答は誤答とみなし、5秒から10秒がすぎると、さらに電圧を上げることになっていた。

もう一度、あなたに質問。現実の実験で、人びとは何ボルトまで電圧を上げただろうか。

この実験をする前の心理学者の予想では、最大ショックの平均は120ボルトくらいと考えられていた。ところが、実際におこなってみると、最大ショックの平均はなんと360ボルト、最大値の450ボルトまでスイッチを押しつづけた教師役も40人中25人もいた、という驚くべき結果となった。

この実験にはトリックがあった。電気ショックは与えられていなかった。「痛くてたまらない！」といった悲鳴は演技で、じつは教師役だけが実験の被験者だったのだ。

アイヒマン実験からわかること

このミルグラムの実験は、のちに「アイヒマン実験」と呼ばれるようになった。アイヒマンとは、第二次世界大戦のときにナチス・ドイツでユダヤ人などを絶滅収容所に移送した責任者であり、戦後、逮捕され死刑となった人物だ。アイヒマンは裁判で、自分は役人として命令に従っただけだ、と責任を認めようとはしなかった。この裁判を傍聴した哲学者のハンナ・アーレントは、著書『エルサレムのアイヒマン』の中で、「悪の陳腐さ（とるに足らないことの悪）」と表現した。とるに足らない、特段の悪意もないような人物が、大量虐殺という巨大な悪をつくりだしたとの指摘だった（ただし、最新の研究では、アイヒマンは反ユダヤ思想を強くもっていて、功名心から積極的にユダヤ人移送にかかわっていたことも指摘されているという。田野大輔『ファシズムの教室』参照）。

ミルグラムは、悪をつくりだす服従の心理を以下のように説明する。

まず、「科学的真理の追究」といった社会的に正当と認められる目的と、大学の研究者という実験者の権威が示され、実験者が権威者となった。また、実験室の中では別の権威者がいないので、ひとりに権威が集中することもポイントだ。

実験室という、権威者が所有する空間に入ったことは、権威組織への加入を示すことになる。さらに重要なのは、その領域への加入が「自発的」なものだったことだ。それが参加者を役割にしばりつけることになった。服従とは、力ずくで押さえつけられることにより成立するだけではない。「自発的な服従」というものがあるんだ。

自発的な服従が成立するためには、この実験は社会的事業だ、といった正当性が与えられることが必要だ。「アーリア人は優秀、ユダヤ人は下等」などといった権威者のもつイデオロギー（枠組みとなる考えかた）によって「正義」が与えられる。

もし、あなたがこのような状態におちいったならば、と考えてほしい。このような関係が成立したとき、あなたは「代理状態」といわれる状態になってしまう。権威あるだれかの願いを、その人のかわりに実行する状態のことだ。代理状態になると、命じた人への責任は感じるのに、自分がやったことについては責任を感じなくなってしまう。

そこでは、「チャンネル合わせ」と言って、権威者の言葉を聞き逃さないように注意を払うが、それ以外の人からのサインは、チャンネルを切ったように心理的に遠ざけられてしまう。生徒役が発する「痛くてたまらない！」という叫びも、たんなるノイズ（雑音）になってしまう。そして「場面の意味の再定義」がおこなわれ、あなたは「これは正しい実験なのだ」と権威者の言い分を正しいものとして受け入れてしまう。

権威の前の自発的な服従

ナチス・ドイツのような独裁国家ではない民主主義国家でも、権威のもとに「自発的に服従する」人びとが、代理状態となって権威者にチャンネルを合わせ、場面の意味が再定義されると、自分の行動の中身に責任を感じなくなり、残虐な暴力さえもおこなうようになってしまう、とミルグラムは言う。この実験の背景には、当時アメリカがおこなっていたベトナム戦争での米軍の残虐行為があった。

ナチス時代の社会もじつは同様だった。従来は、ヒトラーという独裁者の政治的支配や、親衛隊や突撃隊といった暴力集団による死の恐怖（テロリズム）により人びとが支配されていた、と考えられていた。しかし実際は、たとえば1938年におこった「水晶の夜（クリスタルナハト）」で、ユダヤ人の商店や住宅、教会などを破壊したり、人びとを殺したりという大規模な破壊行為を、ドイツ市民たちは「自発的」におこなっていたことがわかっている。

ミルグラムがこの実験で示したことは、同様のことが別の状況でもおこる可能性があるということだ。学校でおこる可能性もある。エリオット先生の実験授業がよい例だ。たとえば、先生がひとりの生徒を「困った子だ」と言ったことがきっかけで、その子へのいじめがはじまることがある。

同様に、政治家の発言がヘイトスピーチやヘイトクライムの原因になる場合もある。権威ある人が何も言わないことは、それが黙認されているというメッセージにもなる。ヘイトスピーチやヘイトクライムの暴力を抑止するためには、政治家や政府が毅然（きぜん）とした反差別の態度をとり、重大な事件がおこったときに「ガバメント（政府）スピーチ」として、その犯罪性を即座に指摘することが必要な理由はここにある。

だれだって差別者になる可能性がある

いじめの話から、この時間の話ははじまった。いじめの問題は根が深く、なかなかなくならない。それと同じように、ふつうの人が、いとも簡単に「差別者」という「悪」になってしまう可能性がある。もしかすると、ぼくだって気づかないだけで、無意識の攻撃である「マイクロアグレッション」（↓4時間目）をしているかもしれない。ある特定の状況のもとでは差別者になってしまうかもしれない。だれもがそういう危険性をはらんでいると、つねに意識することがたいせつなんだと思う。

次の時間は、黒人差別がひどかった1950年代のアメリカの話。そこで語られるのは、ヘイトをのりこえることの「しんどさ」だ。そして同時に、あきらめずに「しんどさ」の中に居つづけた後に見えてくる「希望」も語られる。さあ、第3部『ともに生きる』ためのレッスン」を読み進めていってほしい。

9時間目 「ともに生きる」というけれど

金迅野

1 「だれと」が抜けたら痛くもかゆくもないただのスローガンになってしまう

どっちで飲む？

練習問題。この写真（図1）を見たことあるだろうか？　これは1950年代後半のアメリカで撮られた写真。これは二つとも水飲み場。あなたは、どっちで飲むかな？　こう訊くと「左」って答える人が多い。きれいだし、冷たそうだし。でも、当時、ぼくもふくめて日本に住んでいる多くの者が左の蛇口で飲んだら「ボコボコ」にされてしまうだろう。

左には「ホワイト（白）」と書かれていて、右には「カラード（色のついた）」と書かれている。「自分は美白してる」という人もいるかもしれないけれど、それでも、見つかったらボコボコにされただろう。

本質的には、いまでも同じようなまなざしが残っていて、数年前にアメリカでブラック・ライブズ・マター（黒人のいのちはたいせつだ）の運動がおこったのを覚えている人もいると思う。

リトルロック・セントラル高校でおきた事件のことを話そうか。1957年。ぼくも生まれていない年だ。当時のアメリカで、公立学校での黒人と白人の融合が決定された。それまでは、人種によって別々の学校に通うことがふつうだったんだ。

15歳のエリザベス・エックフォードさんは、初登校日の前夜、眠れなかった。近隣でも進学校で有名なリトルロック・セントラル高校に、ほかの8人の黒人生徒といっしょに入学が許可されていた。彼女は法律家になる夢をもっていた。自分でつくったドレスにアイロンをかけて、

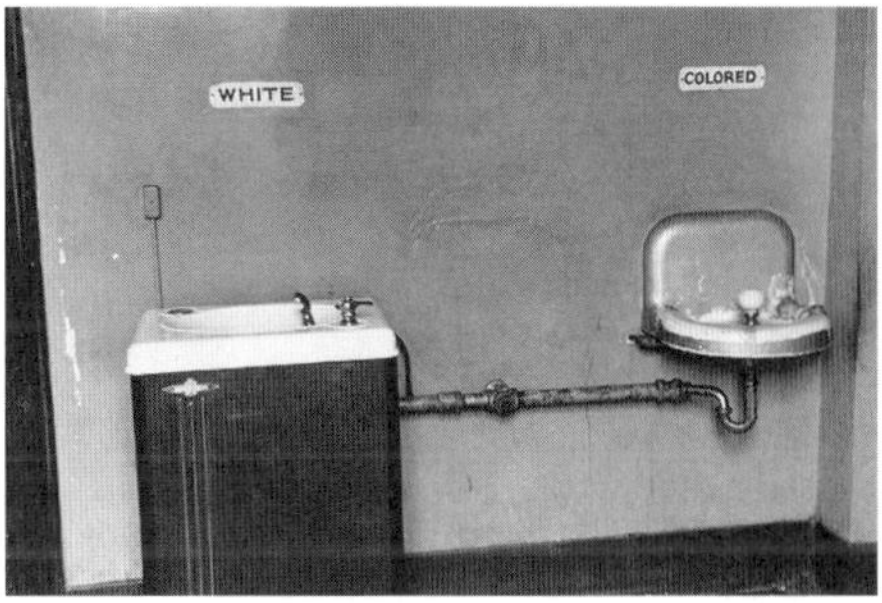

図1　二つの水飲み場
（写真：Elliott Erwitt/Magnum Photos/アフロ）

彼女は登校した。

学校に着くと彼女ひとりだった。彼女はそこに、州の軍隊の人たちがいるのを見た。わたしを守ってくれるのだと思った。でも軍隊の人たちは、彼女を守るかわりに、彼女が学校に入れないように妨害したという。多くの憎しみに満ちた群衆に囲まれた彼女は、雑貨屋さんに入って電話でタクシーを呼ぼうとしたんだけれど、雑貨屋さんの前に着いたとたんにドアは閉められてしまった。

群衆のなかには、同じ歳くらいの女子学生がいて、「ニガー！　ニガー！　ニガー！」って獣のように叫んでいたという(図2)。喧騒のなか、彼女は遠くに見えるバス停のベンチに向かった。そこで彼女は、ひとりぼっちではないことに気づく。白人の写真家が、彼女のそばで、彼女の身の上におきていることを記録していたんだ。

次の写真(図3)に写っているこの男の人は、リトルロック高校のあるアーカンソー州の知事で、オーヴァル・フォーブスさんという人。どんなことを演説して

図2　白人から憎悪の言葉をあびせられるエリザベス
(Photo by Will Counts)

いると思うかな?

「時代も変わりましたから、わたしたちの学校に、肌の色の黒い人、白い人、いろいろな人がいてもいいじゃないですか。そういう学校にしていきましょう」というような演説をしているのではないんだ。残念ながら。なんと、「最近、ニグロ(黒人をさす差別用語。ニガーも同じ)がわたしたちの学校に入りたいなどと言っている。バスもいっしょに乗らせろと言っている。みなさん、そんなことを許していいのですか?」と演説しているんだそうだ。そして、州の軍隊を送りこんでまで、登校しようとした黒人学生を阻止しようとしたんだ。

同じ時代にアラバマ州知事だったウォレスという人も同じような主張をして、大統領選挙の最終候補にも上ってしまうほどだった。最後は負けたけど、この人が選挙運動で演説した有名な言葉がある。「セグリゲーション・ナウ!」。セグリゲーションとは「隔離」のこと。黒人はこの中に引っこんでいろ、という考えかた。肌の色がちがう人、白くない人はここから出る

図3　演説するフォーブス知事
(猿谷要・槐一男編著『写真記録アメリカの歴史4』ほるぷ出版)

な、という考え。「いまこそ隔離を！」そして「セグリゲーション・トゥモロー、明日も隔離を」「セグリゲーション・フォーエヴァー、隔離は永遠にあるべきだ」……そうやって演説して、大喝采をうけたんだ。

あなたはこの人たちのことを、その発言をどう思うだろうか？　あなたが当時この地にいたら、どういう立場に立つだろうか。たとえば、白人としてそれを聞いたとき。もしくは、黒人としてそれを見て、それを聞いて、どんなふうに思うだろうか。そして何をするだろうか。それを考えてほしいんだ。もちろん、ぼくも一所懸命考えている。

この写真（図４）のプラカードには「黒ん坊（Negroes、これも差別用語）はアフリカに帰れ！」と書いてある。とってもグロテスクなプラカード。だけど、よく見てほしい。この写真には笑っている人がいる。残念だけど、人間ってこういうとき笑うことができるんだ。ぼくらはふつう、笑うのはうれしかったり、ほめられて喜んだりしたときと思っている。でも人間って、すごく残念なことだけど、まずいところや残念なところがあって、こう

図４　人種隔離を支持する白人たち
（前掲『写真記録アメリカの歴史４』）

いうときにも笑えちゃうのだ。
1時間目の話のなかでふれた、「林賢一くんが死んでしまった」という話に「バンザイ」という声がおこったように、残念ながら人間って、そういうふうになれてしまう部分があるのだ。ベルクソンという哲学者は、「笑いは必ずや共同生活の或る要求に応じているものに違いない」と言った。自分が属する社会が、そういう暗い笑いを「要求」するとしたら、あなたは、ぼくは、どう向きあうだろうか。これも大事な問いだと思う。

あなたはどこにいるか？

ここまでいくと、あなたは、「白い肌の人はずるい」とか「きたない」とか、「ダメじゃん！」と思うかもしれない。そして「黒人の人はかわいそう」と思うかもしれない。

この写真（図5）は、1963年にミシシッピ州で撮られた写真。この州では、飲食店（ランチカウンター）で黒人が白人と並んで座ることが禁止されていた。黒人の女性が、抗議のために店に入って席に座っている。さっ

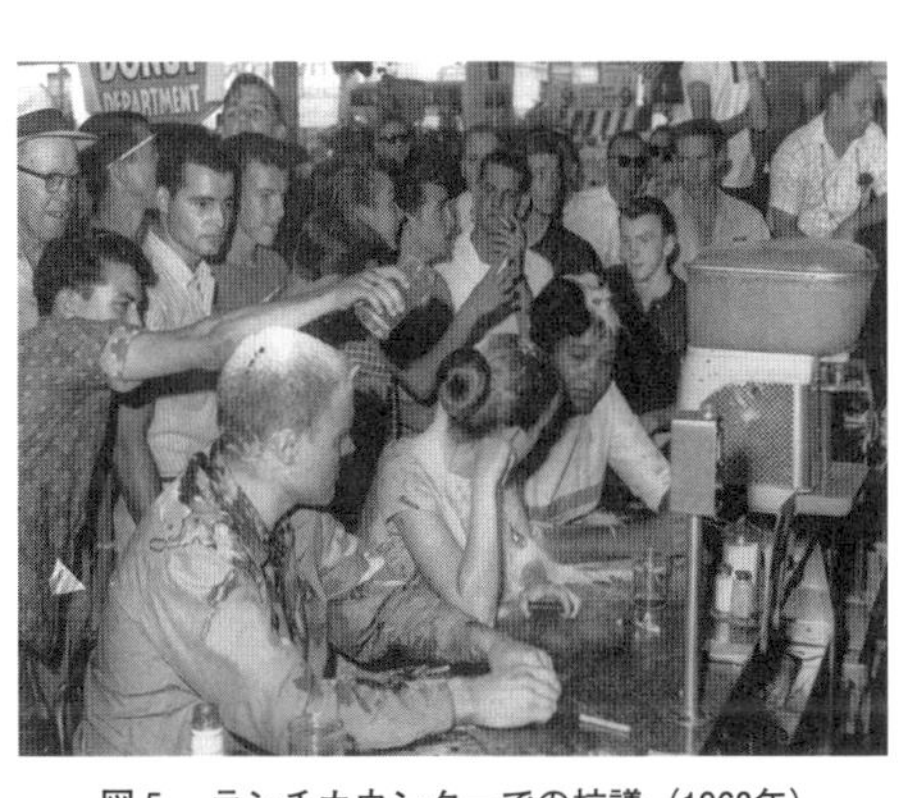

図5　ランチカウンターでの抗議（1963年）
（写真：GRANGER.COM/アフロ）

そく嫌がらせをされて、マヨネーズを頭にかけられているのがわかる。もし自分がやられたら、どんな気がするだろう？

でも、よく見て。手前のふたりは、肌の色が白い人だ。さっきの写真の水飲み場であれば、左のきれいなほうで飲んでいい人たちに見える。でも、なぜか肌の色が黒い人といっしょにカウンターにいる。

「あなたひとりでは行かせない。わたしたちもいっしょに行きます。あなたがこのレストランに入るのは、まちがったことではない」。おそらく、そのように思ったふたりが、いっしょに店に入ったのだと思う。手前の男の人は、ケチャップのようなものをかけられたのか、スーツが台無しになっているし、真ん中の女の人も何かかけられようとしている。この写真も、よく見てみると、残念だけど、この風景のなかで笑っている人が見える。

さて、もう一度訊いてみたい。あなたなら、この風景のなかの、どのあたりにいるだろうか。そしてぼくは、自分に問う。ぼくなら、どのあたりにいられるだろう……。こういう問いを前にすると、先にも言ったように、みなさんとぼくは、そんなに変わりがないのだ。さて、わたしたちは、どこに立っているのだろうか？

次の写真（図6）のプラカードには、「ほかのみんなと同じように座りたい」と書いてある。これも、ランチカウンターの差別に反対するジョージア州の黒人学生たちの姿だ。プラカードを持って歩いている人は、自分が「差別はいやだ」と行動をおこしている。写真の先頭には、女子学生がプラカードを持って歩いている姿が写っているけれど、もしあなたが同じ立場だったら、このように行動するだろうか。ぼくだったらどうだろう。

はっきりとした答えが出ないかもしれない。人間にとって大事なことを判断するときに、やはり、肌の色などの、人間が勝手につくった価値観から人を判断してはならない、と思うんだ。

次の写真（図7）は、バスの中で黒人が乗る場所と白人が乗る場所が分けられていることに反対する「自由のための乗車運動」に参加した人のもの。血だらけのこの若い男性は、白い肌をしている。

この当時、肌の色が黒い人は座ってはいけない席があった。もし座ったら、怒られるだけではなく、ほんとうに暴力をふるわれてしまうことになる。この運動は、ローザ・パークスとい

図6　抗議する女子学生
（前掲『写真記録アメリカの歴史4』）

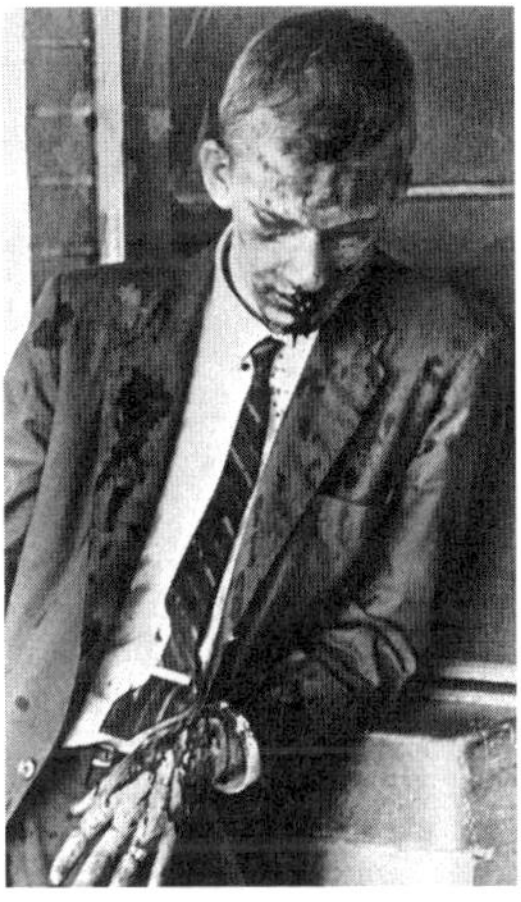

図7　暴行をうけた白人学生
（写真：GRANGER.COM/アフロ）

う黒人女性が、抗議のためにあえて白人用の席に座って暴行をうけたことがきっかけでおきたものだ。この白人学生はこの運動に共感して、遠く離れた北部からアラバマ州までやってきて、「白人暴徒に殴打された」のだという。

あなたは卑怯(ひきょう)なんかじゃないと思う

ここまでのぼくの話を聞いて、「白人、ダメじゃん！」「黒人、かわいそう」と思った気持ちは変わっただろうか。ぼくは「白人、ダメじゃん！」「黒人、かわいそう」ではなく、「自分ならどこにいるだろう」という問いを、このような写真が教えてくれるのではないかと思う。

ここまでいけば、「何人(なにじん)か」はもはや、それほど大事なことではないかもしれない。いままで見たように、「人間として、あなたはどんなふうにいま、生きていますか？」ということが、ある瞬間、問われることがかならずある。そのときに、卑怯ではない人間でいられるかどうか、その問いを、大事なときに考えなくてはならないと思うんだ。

人間には、残念な人もたくさんいるけれど、これらの写真のなかのある人たちのように、考え抜いて（あるいは、考える前に）からだが動いてしまった人もいる。先に紹介したリトルロック・セントラル高校の事件のときも、人種の差を超えて、黒人生徒たちのかたわらに寄り添おうとした人がいた。このちがいはどこからくるのだろう。

「ともに生きる」と言葉で言うのは簡単だ。だけど、痛い目にあっている人と、具体的に、いま、自分が息をしているこのときに、「ともに生きる」ことをからだで示すのは、簡単なことではない。痛みに顔がゆがんでいる人がいてもなんとも思わず、よけいに意地悪をしてしまう人と、からだを張って「ともに生きる」態度を示す人のちがいは、どこからくるのだろう。その問いを心に刻むことが、とても大事なことだと思う。林賢一くんやエリザベスさんたちがあびせられた、ぞっとするような「コトバ」が飛び交うような社会ではとくに……。

ところで、1時間目でも言ったけれど、自分の意見を表明することより大事なことがある。だれにも言わないでいいから、自分ひとりになって（ということは、自分にごまかしのきかない状態で）「自分ならどこにいるだろうか」を考えることだ。その条件で、ある大学で右の話をしたときに、感想に書かなくてもいいと言ったのに書いてきてくれた人がいたんだ。その人はどういうふうに書いてくれたかというと……。

この写真のなかのどこに自分がいるかを問われて考えてみた。わたしは卑怯で臆病だから、（ランチカウンターの）手前の二人みたいに危険をおしていっしょに食堂に行くことはできないと思う。ただ、このように人を差別するのはよくないと心底思う。だからわたしは、レストランの外にいて、くちびるをかみしめて、こぶしをにぎりしめながら、じっとこの風景を見つめているのではないか。そのように思う。

この意見を書いてくれた人は、自分のことを「卑怯で臆病」と言ったけれど、ぼくはそうは思わない。少なくとも、通りいっぺんの「差別はなくなってほしいです」とか「平和な世の中が訪れるといいと思います」のような、自分は痛くもかゆくもないところからの意見を並べるよりは、はるかに意味のあることだと思う。そして、「卑怯」でも「臆病」でもなく、むしろ勇気のいることだと思う。なぜなら、自分の身を切って、自分を射抜きながら考えているから。「もし自分がそこにいたら」を真剣に受けとめて、せいいっぱい想像して、いまの自分のありかたを正直に見つめているから。

ふだん、ぼくらは「自分のことは自分がいちばんわかっている」とぼんやり思っているけれど、こういうふうに少し深い問いをくぐりぬけると、あんがい自分って、自明の存在ではないかもしれないということに気づかされる。だから、自分のことを深く理解するためにも、自分に大事な問いを投げかけることが大事なんだと思う。そういう投げかけをしてはじめて、人はほかの人と「ともに生きる」用意ができるのではないだろうか。

2 「だから差別はなくならない」の向こう側に行こう

ささやかだけど大事な変化

だれかのことを「劣っている」と思いこんで、あなどったり、差別したりしてしまう心が変わることはないのだろうか。さっきの2番目の写真を、もう一度見てほしい。真ん中で激しくののしっている女子学生がいる。この子の名前はヘイゼル。この写真が撮られたのは１９５７年だけれど、６年後の１９６３年、ヘイゼルに変化が訪れた。

高校を卒業したヘイゼルは結婚して、３人の子を育てるママになっていた。子育てをしながら、彼女は学生のころ自分がしたことの意味を、ひとりで深く考えたらしい。そして、どんな償いができるかを直接、エリザベスに聞くために電話をかけたというんだ。

これは、ささやかだけれど重要な変化だと思う。ヘイゼルの心におこった変化は、エリザベスの心にも変化をもたらしたのではないだろうか。「差別はいやだ」「なんとかしたい」ってがんばったけれど、結局何も変わらないのかもしれない、人間は無力だ……。世の中の大きな力に直面して、そういうふうに感じることがぼくにもある。でも、思いがけず、つらくなるような悪意の言葉を投げかけた当人から連絡が入って、謝罪されたら……。「あのときの努力は無駄じゃなかった」って思えるのじゃないかな。エリザベスの心にはきっと、そんな喜びの気持ちがわきあがっていたと思う。

でも、じつはヘイゼルは、そのエリザベスとの会話を、自分の夫や家族には話せなかったらしい。それは、彼女が、差別が当たり前な時代の象徴とみなされていたからだ。そして、差別する「英雄」として、大人たちに広告塔のようにあつかわれていたから。彼女の夫も、そして両親ももちろん、「正しいこと」をしたという目で彼女を見ていたのだそうだ。世の中のそんな雰囲気のなかで、それでも、自分の心にわきあがった正直な気持ちを、ヘイゼルはどうしても否定できなかったのだと思う。

彼女は、だれにも言うことのできない気持ちについて、ひとりで考えたのだろう。そういうふうに自分に向きあうとき、人間は「自分がどこにいるのか」を静かに問うことができる。ヘイゼルの身におこった変化は、ぼくがいままで話してきた言葉で表現すれば、「わたしはいっ

図8　40年後のエリザベスとヘイゼル
(写真：AP/アフロ)

たいどこにいるのだろう」という問いを抱きしめた結果だと、ぼくは思う。

　そんなふうに自分を見つめることができたヘイゼルのことも、ぼくは卑怯だと思わない。むしろ、そういう存在を広告塔に利用しながら、自分自身に対して真摯な問いかけができなかった人たちや、社会のありかたこそが卑怯なのではないだろうか。

　ヘイゼルが実際にエリザベスに会って握手ができたのは、40年後の1997年のことだった。人間がだれかとのあいだにつくってしまう溝がどんなに深いかを、このことは物語っている。そして、残念ながら、差別をうけた人が「いやだ」「おかしい」と声をあげたり、その気持ちを行動に移すより、差別をしてしまった人の気持ちが変わることのほうが、いかにむずかしいかを示している。

「だから差別はなくならない」と結論づける前に

「差別はなくならない」と言う人がいる。でも、そういう人は、あらためて考えてほしい。「あなたはどこにいるのか」と。

「差別はなくならない」と言う人のなかには、自分はそういう目にあっていない人がいると思う。そのとき人は、自分は痛くもかゆくもないところにいながら、「差別はなくならない」と語ることができる。でも、そのあいだにも、差別をうけた人の痛みは変わらず蓄積されていってしまうだろう。ぼくが言いたいのは、「差別はなくならない」という事実を述べることがダメだ、ということじゃない。大事なのは、「どうして自分はそう思うのか」という問いを、自分に問うことだと思う。そして、「そういうところに自分はいる」ということに気づくことだと思う。

逆に、差別をうける側の人が「差別はなくならない」と言うこともある。ヘイトの発言を直接うけたとき、ぼくも正直そう思ったし、いまでも差別がそう簡単になくなると思ってはいない。でも、そのことと、「あきらめる」こととはちがうと思う。先にも言ったけれど、「やられたらやりかえせ」というのもちがう。それは人間の心におこりやすいことだし、ぼくのなかにもおこりうることだけれど、その道は、自分自身が差別する人に、知らず知らずのうちに似てしまうことになる道だと思うから。

そう、「あきらめない」で生きるのは簡単なことじゃない。でも、つらいなと思うときに、ぼくが思い出す言葉がある。それは、「I have a dream（わたしには夢がある）」と多くの人びとに訴えて、差別とたたかったすえに暗殺されてしまったキング牧師の言葉だ。

キング牧師は「やられたら、やりかえせ」じゃなくて「非暴力」が大事だと唱えた。そして、「非暴力は無抵抗じゃない。差別する人たちに、暴力を使わずに葛藤をもたらしつづけることだ」と言った。

これを聞いて、人は「なんで痛い目にあう人間が、いつも我慢しながら先に働きかけなきゃいけないんだ?」と思うかもしれない。けれど、たとえばキング牧師が主導した、白人専用の座席を設けたりしていたバスをボイコットするような「働きかけ」が、世の中の人が「これはなんなんだ?」という問いを胸にいだいたり、だれかとほんとうに出会うきっかけになったりするのではないだろうか。

「黒人出入り禁止」のレストランにいっしょに行った「白人」の人たちのように、「これは他人事じゃない」っていう大事な気持ちが生まれるのは、そういう「工夫」の積み重ねからなのではないだろうか。そういう「工夫」のなかで、ほんとうの「出会い」も生まれると思う。多くはないかもしれないけれど、「工夫」によって出会うことを待っている未来の友だちは、かならずいると思いたい。

自分が差別をして、人を傷つけてしまったら……。そのときには、自分をごまかさずに、ひとりになって自分に問いかけることを忘れないでいたいと思う。あのヘイゼルが変わることができたように、ぼくもあなたも、人はかならず変わることができる。そのことを、生きることの土台に置きたいと思う。

10時間目 ヘイトをのりこえる、ぼくらのありかたは
——東アジア市民、アライというありかた

風巻浩

ヘイトをのりこえるための、ぼくらのありかたを考えてみたい。そのために、この時間では「東アジア市民」と「アライ」という二つのキーワードを提案したいと思う。

1 「東アジア市民」というありかた

可能性としての東アジア市民

たとえば、「東アジア市民」という言葉を聞いたとき、あなたは、どのような印象をもつだろうか。

「ヨーロッパ市民」という言葉がある。ドイツやフランスといった国民国家の枠組みを超えて、ヨーロッパに住む市民としてのアイデンティティをもつ、ということだ。ドイツとフランスは、ずっと戦争をしてきた。近代国家としてのドイツが成立するきっかけとなった19世紀末の普仏戦争から第一次、第二次世界大戦と長きにわたって。おたがいに相手を罵り、憎悪をあおってきた両国の人びとが、いまや同じヨーロッパ市民としての関係を構築している。EU（欧州連合）におけるEU市民権という枠組みがその基礎となっている。イギリスのEU離脱やイスラーム系住民の排除などの問題はあるが、ヨーロッパ市民という考えかたは「市民権」を得ているといえるだろう。

ぼくは、ポーランドにある「国際青少年交流の家」で貴重な体験をしたことがある。ユダヤ人などを虐殺したアウシュビッツ・ビルケナウ絶滅収容所に隣接した施設だ。そこではドイツやフランスなど、さまざまなヨーロッパの国の中学生、高校生たちがいっしょになって、過去のファシズムの歴史だ

国際青少年交流の家で、高校生たちのワークショップ

けではなく現代の不寛容や外国人憎悪、レイシズムについて学んでいた（国際青少年交流の家について、くわしくは熊谷徹『ドイツは過去とどう向き合ってきたか』）。

ひるがえって「東アジア市民」はどうだろう。まだ辞書にも載っていない、ぼくの造語だ。「地球市民」という言葉が30年ほど前に使われるようになった。そのころぼくは、あるシンポジウムで、こう話したことがある。「日本人が地球市民なんて言葉を使うのは、まだまだ早いのではないか。地球市民の前に、まずはアジア市民になるべきだ。いまはアジア市民にすらなれていない」と。

聴衆にぼくの思いが伝わったかはわからない。でも、ぼくにはそのとき、かすかな手ごたえがあった。それは、次にお話しするように、自分たちの地域で、東南アジアから来日した難民の子どもたちとかかわったり、バングラデシュで現地の人びとと心を通わせたりする高校生たちの姿を通したものだった。

ぼくはのちに、もう少し地域を限定して「東アジア市民」という言葉を使うようになった。それは、この後に話す、韓国人高校生や在日コリアン、とくに朝鮮高級学校に通う高校生たちとの出会いがきっかけだった。

生徒とともに涙を流す

突然だが、あなたは、先生といっしょに涙を流すという体験をしたことがあるだろうか。苦しくつらいだけの涙ではなく、うれしいだけの涙でもなく、その二つが混ぜあわされた、「せつなさ」とぼくが名づけているような涙だ。

「せつなさ」とは、ぼくが大事にしている学びのキーワードだ。時として、それは涙を流すほどの学びになる。学校でふつうの勉強をしているときには、おそらく「せつなさ」がある学びは少ない。どこかに「答え」があると思って勉強しているだろうから。

でも、いったん学校を離れて社会に飛びこんでみると、わからないことが出てくる。なぜこんなことになるんだろうと立ちすくんでしまうこともあるだろう。しかし、その思いが消えてしまわず、ザラザラしたものとして心の中に残り、ふとしたときに思い出して心を痛めるのは、どこかに、その状況が変化することへのかすかな希望があるからだ。そしてそれは、深い学びをあなたにうながす。これが「せつなさ」のある学びだ。

気候変動問題への早急な対処を政府に求める動きを、学校ストライキで表現しようとしたスウェーデンの少女グレタ・トゥーンベリさんも、きっと「せつなさとしての学び」をしたのだと、ぼくは勝手に考えている。

ぼくには何回か、高校生とともに、この「せつなさ」の体験をした経験がある。たとえばそれは、これからお話しする、バングラデシュのリキシャ（自転車タクシー）の座席でのことだった。

インドシナ難民の子どもたちを支えた高校生

まず、なぜバングラデシュの農村に行ったかを話そう。

ぼくが教師になった1980年代、日本という国は「経済大国」としての力を誇るようになっていた。「国際化」という言葉が流行語のようになり、大学や高校で「国際」の名のつく学部やコースが各地でできたのも、このころからだった。

80年代後半、日本社会はいわゆるバブル景気で、労働者が不足していた。当時は入国に特別な資格が必要なかったバングラデシュやイランなどの国ぐにから人びとが集まり、工場などで働くようになっていた。また、90年の入管法改定により、ブラジルやペルーから日系人が来日するようにもなっていた。6時間目で紹介されていた宮ヶ迫ナンシー理沙さんの一家が来日したのもこのころだ。

ぼくがはじめたのは、放課後、団地の集会室で、そうした外国から来た小中学生に、勉強を教えるクラブ活動だった。

当時、外国籍の子どもたちは、学校での個別の対応が事実上

日本語ボランティアサークルのようす

ないまま、勉強から取り残されていた。日系ブラジル人のほか、やはり80年代に日本に暮らすようになったベトナムやラオス、カンボジアからの難民（インドシナ難民）の子どもたちもいた。このクラブを、ぼくは「日本語ボランティアサークル」と名づけた。

「国際化」という言葉について、当時の高校生はどんなことを考えていたのだろうか。ぼくの書いた本（『社会科アクティブ・ラーニングへの挑戦』）から、ボランティアサークルの部員の言葉を紹介しよう。

SH　国の考えている国際化というのは、国際社会への仲間入りというか、例えば、安保理常任理事国への参加といった問題だと思うんです。僕個人としては、国際化というのは、結局は国という単位がなくなって、地域みたいな単位になっていく過程みたいなもんなんじゃないかなと思うんですけど、まあ、難しいでしょうね。

K　やたらと日本民族ということを強調するのが〝おえらいさん〟のいう「国際化」だとするなら、国境がだんだん低くなっていく、薄くなっていくっていうイメージとは反対だよね。日本民族、日本人ということをやたらと強調することで、逆に他の国のひとたちとの間の垣根がだんだん高くなるんだよね。違いを強調するから。

ST　このサークルに入ってから、もう1年と半年ほどがすぎましたが、今までより、ずっとアジアというものに興味を持つようになりました。と同時に、自分もアジアに住んでいるんだという意識を強く持つようになりました。

経済「大国」への仲間入りを目的とし、日本民族を強調する「お偉いさん」の国際化と区別して、国の境界が薄くなり、アジアという地域を単位として、アジアに住まうものとしての意識をもつという、自分たちなりの「国際化」意識を高校生たちがつくりあげていることがうかがえる。まさにこれが「アジア市民」としての意識だったのだと思う。

バングラデシュの農村での「せつなさ」の涙

「国際化」という言葉が当時の流行語のようになっていた、と言った。経済成長とともに日本の国際援助も拡大を続け、１９８６年には、政府が途上国に資金援助をおこなうＯＤＡの金額はフランスを抜いて世界2位となった。

日本語ボランティアサークルの部員とぼくが、バングラデシュでの識字ワークキャンプに参加したのが90年12月のことだった。日本じゅうから集まった高校生が5日間、首都ダッカから遠く離れた村ですごすワークキャンプ。高校生たちにとっても、ぼくにとっても、はじめてのバングラデシュだった。ぼくらはここでトイレを造ったり、雨期には水没する危険性のあるあぜ道をかさ上げしたり、といったワークを村人とともにおこなった。

そのような活動をするなかで、「貧しく、かわいそうで力のない途上国の人びとと、そこにお金を援助する先進国の自分たち」といった高校生たちの思い込みは崩れていった。当時のバングラデシュは典型的な開発途上国に位置づけられていたのだが、村の農村開発団体の代表者は「わたしたちは施しを受けるのではない。知恵を分かちあっていこう」と、高校生たちに力強く訴えた。

東京から参加した高校生のWさんは、ワークキャンプ後の報告書でこう語った。

〈日本の援助は、ほんとうに貧しい人びとにはほとんど届かないのではないか、という話に続けて〉正直に言うと私は、この世界のサイクルを根本的なところから改革しなくてはいけないのではないかと思うのです。流れを変えなければ、全てのことは一時しのぎか気休めにしかならないと思うのです。そういう気の遠くなるようなことを考えるとき、私は今までいつも逃げてきました。「私ひ

ショイラ村で、トイレづくりの作業

とりが考えたところで何も変わらない」と。今も逃げたいくらいです。しかしこのキャンプで出会った人々、特にショイラ村の人々の顔を思い浮かべるとき、私もハマってしまった、と思うほど変な責任感にとらわれます。小さな力でも何かしなくてはいけないと思います。

（『1991年度国際ボランティア派遣事業報告書』日本ユネスコ協会連盟）

途上国の人びとを貧しいままにする巨大な社会のサイクルを前に、逃げ出したいと感じていたという彼女。彼女とぼくは、村を離れる雨の朝、自転車タクシー「リキシャ」の狭い座席で肩を寄せ、村で体験したことや、これから自分たちができることは何なのかを、雨と涙でぐちゃぐちゃになりながら、いつまでも語りつづけた。彼女はぼくの勤務校の教え子ではなかったが、「せつなさ」を感じる涙をともにすることになった。それはふたりにとって、前に話したブラジルの教育学者であるフレイレが「意識化」と呼ぶ、世界の矛盾を前に、変革の主体としてみずからを意識する瞬間だった。

Wさんとともにワークキャンプに参加したぼくの勤務校の生徒Fさんは、アジア人として、地球人としての「心のつながり」ができた、と文章に記した。（以下、高校生の発言はぼくの本『社会科アクティブ・ラーニングへの挑戦』から）。

〔村で農民の家に招待されたとき、ご馳走がないことにいったん失望したという話に続けて〕今まで、「お金と物」のみを豊かさの尺度としてしかとらえられなかったぼくの変身の旅でした。（中略）お金や物のない家で、ぼくはその人の家族と自分自身とに向き合わせになり、その時初めて「心のつながり」を見ることができた気がします。お金や物で結びついた人間関係にはない、心で結ばれた人間関係の発見でした。この心のつながりを今度は家庭で学校で地域で……と身近な所から見いだしていきたいと思っています。少しでもアジア人として地球人として生きていきたい、その方法をこれからも求め続けるために。

Fさんは現在、東南アジアの研究者として活躍している。それは高校時代の「アジア市民」体験が影響しているだろう。

日韓在日高校生グループ「ハナ」の誕生

次に、ぼくが共同代表となっている、日本人、韓国人、在日コリアンの三者交流・学習組織としての「川崎・富川（プチョン）高校生フォーラム　ハナ」（以下ハナと略）を紹介したい。ハナは2000年に誕生し、現在まで活動を継続している。ハナ（하나）とはコリア語で「ひとつ」の意味だ。

ぼくは、ハナでの体験によって、「東アジア市民」という生きかたの手ごたえを得ることになる。それは、日本の植民地支配を受け、アジア太平洋戦争の侵略先となった地域の人びとと、市民どうしのフラットな関係をつくりあげること、つまり、ヘイトをおこなう人びとと真逆の関係性をつくりあげる生きかただ。

ハナは、どうやって誕生したのか。その年の1学期、夏休みも間近というころ、「ホームステイを受け入れるので、日本の高校生に韓国に来てほしい」という「ラブコール」が、川崎市と友好都市になっている韓国の富川（プチョン）市の高校生から突然飛びこんできた。先生からではなく高校生から、ということがミソだ。これが、すべてのはじまりだった。

バングラデシュでの体験もあり、「何かおもしろいことがおこりそうだ」と直感した。そこで、ぼくが当時勤務していた高校の生徒たちに参加を呼びかけ、いっしょに夏休みに韓国を訪れることになった。日本軍「慰安婦」とされたハルモニが暮らす「ナヌムの家」を訪れ、ハルモニたちも参加する日本大使館前での「水曜集会」で飛び入りスピーチをするなど、短期間ながら充実した訪問となった。

夏休みの交流のあと、冬休みに今度は川崎でホームステイを受け入れてほしいという申し出が、富川の高校生たちからあった。さて大変だと思いつつも、他校の生徒たちにも呼びかけ、受け入れの実行委員会を結成した。韓国に行ったTさんのアイデアで、地元の朝鮮高級学校の生徒も呼ぼうということになり、文化祭で実行委員会への参加を呼びかけた。ここに、日本人と韓国人、そして在日コリアンの三者の交流・学習組織としてのハナが活動を開始したのだ。

コンフリクト（葛藤）をのりこえようとする高校生たち

しかし、大変だったのはハナが結成されてからだった。交流には、さまざまなコンフリクト（葛藤）が存在した。そして、コンフリクトをのりこえたからこそ、高校生たちのあいだに真の出会いが生まれていった。

交流がはじまった直後の２００１年は、歴史教科書の記述問題が日韓関係の大きな問題となっていた。各地で交流事業が中止となり、富川市役所も交流の延期を要請してきたが、富川市民のサポーターの協力によって、交流は予定通り実施できた。

このときのフォーラム（討論会・感想発表会）で、日本が植民地時代におこなった拷問の実態などを人形で展示する西大門刑務所歴史館での体験から、日本側高校生のＨさんと、韓国側高校生のＮさんのあいだで意見の応酬が生じた。以下、ふたりの言葉を引用する。

Hさん　幼稚園ぐらいの小さい子たちが、何かのカリキュラムで西大門刑務所歴史館に来ていた。第3回交流会のテーマは歴史教科書問題で、「日本の教科書（の記述）

が歪んでいる」という話だったが、「韓国も小さいころから過激な教育をしているのでは？」と疑問に思った。教育の危険さを感じて、最後の夜（の反省会のとき）にNくんに、日本が歴史教科書を歪めているのも問題だが、韓国も被害者という部分を強調して子どもに植え付けているのではないかと話した。

Nさん　西大門刑務所歴史館に、遠足か何かで来た小さい子たちがいた。私も幼いころに西大門刑務所歴史館に行ったことがあった。「小さい子に（こういう内容を）見せてもいいのか」とHさんが言ったので、こういう歴史教育が誤ることもあるのではと思い、「韓国の歴史教育にも問題がある。でも、そう言えるのは、きみたちに会えたから」と言った。

「韓国の歴史教育にも問題がある。でも、そう言えるのは、きみたちに会えたから」というNさんの発言は重要な指摘だろう。交流会のあと、２００２年のワールドカップ日韓共催に向けたＮＨＫの特番の取材に応えて、Ｎさんは「葛藤があ

韓国でのフォーラム（2001年）

ってこそ真の友人になれる」と堂々と述べた。

国境を越えた他者とのあいだにつくられる、コンフリクトを前提とした対話的な関係は、国家やメディアがつくりあげるような既存の歴史認識上の対立をのりこえた、新たな歴史認識をつくりあげることを可能にしていく。Nさんの発言は、そのことをまさに示しているといえる。このような関係が「東アジア市民」という意識をつくりあげていく。

韓国の高校生と朝鮮高級学校生との出会い

日韓の高校生のあいだのほかに、別のコンフリクトもあった。韓国の高校生と、朝鮮高級学校に通う在日コリアンの高校生たちのあいだのものだ。同じ朝鮮半島がルーツなら立場も近いのではと思われそうだが、そうではなかった。歴史的に、日本の朝鮮学校は北朝鮮（朝鮮民主主義人民共和国）との関係が強い。創立まもない朝鮮学校を経済的に支えるなどしてきた背景がある。北朝鮮をウリナラ（わたしたちの国＝祖国）と教えられてきた朝鮮高級学校生と、親の世代が「北には鬼が住んでいる」といった反共教育を受けてきた韓国の高校生たちとのコンフリクトは激しく、初期のハナを破壊しかねないほどのものであった。最初にぼくにメールを送ってきた高校生で、韓国ハナの創設者のひとりとなるYさんが、こう振り返る。

神奈川朝鮮中高級学校での歓迎会の写真に、黒板の上の金日成（キムイルソン）と金正日（キムジョンイル）の写真が写っているのを両親が初めて見た。父は1970～80年代から日本と交流していたので、「日本に行く前にどんな教育を受けたか」という話をしてくれて、そのとき国家保安法の存在も知った。

深刻だったのは父がとても怒ったこと。高校3年生で大学入試のころだったのに、本棚の本をみんな放り出してしまって、「もう勉強する必要はない」と破ってしまったこともあった。私の父は2008年9月に急に入院して2009年3月に亡くなったが、入院する前にハナの話が出たことがあった。「自分は政治や法を知っているわけではなく、ただ働いてきた。当時自分がしたことは申し訳ない。しかし父として心配したのは、『自分の子が誤ったことをしてしまうのでは』ということだった。その気持ちの表現の仕方が間違っていたことは謝るが、父として子を思う想いは何の変わりもなかった」というのがそのときの言葉だった。しかし国家保安法というのは衝撃だった。

「国家保安法」とは、反国家団体のメンバーを処罰する韓国の法律で、1948年、朝鮮半島が分断されて北朝鮮と韓国が成立し軍事的緊張が高まったときに制定された。現在も形式的には存在する。Yさんはこのとき、「ハナをなくす」と後輩に言い残して一時活動を去ることになった。その影響を受けて、韓国側メンバーの中にも朝鮮籍の在日コリアンを受け入れるか否かの対立が生じ、後輩たちは大変な思いをすることになる。ちなみに、金日成国家主席と金正日総書記の写真は、いまは朝鮮学校の教室には掲げられていない。

このような騒動が韓国側にあったことは、あとになってわかったのだが、2002年8月のハナ第5回交流会（3回目の訪韓）からは、ついに朝鮮籍の在日コリアン高校生が、韓国を訪問することになった。「国家保安法」が形式的には残るなか、史上はじめて朝鮮籍の高校生が韓国に入国した瞬間だった。「朝鮮」籍は、5時間目で話したように、外国人登録令によって与えられた、在日コリアンの出身地を示す「記号」だが、その後、韓国政府の働きかけで、希望すれば韓国籍も取得できるようになった。しかし、朝鮮籍では韓国のパスポートを作ることができなかったのだ。このときは、パスポートの代わりになる「旅行証明書」を朝鮮籍でも取得できるようになったということで、生徒たちといっしょに韓国領事館に行ったことが懐かしく思い出される。

その後も断続的に、在日コリアンの生徒が韓国でのハナの交流会に参加しつづけている。ハナを去ったYさんも、その後サポーターとしてふたたび活躍するようになり、ハナの10周年の折に先の発言をすることになった。

南北コリアをつなぐ在日コリアンの高校生たち

朝鮮高級学校に通う生徒は修学旅行で北朝鮮に行く。軍事境界線を越えて、韓国と北朝鮮を南北両方から眺めることができるのが、この高校生たちだ。

2005年の訪韓に、朝鮮高級学校から参加したCさん（韓国籍）の言葉を紹介する。

2005年8月（第11回交流会）に参加した。準備会議の時から「統一展望台って行ってみたくない？」「臨津江（イムジンガン）や自由の橋も絶対行きたい」と思った（笑）。すごく感動したのは、統一展望台で目の前に「ウリナラ」が見えたこと。統一展望台の双眼鏡ではよく見えなかったけれど、「そのまま船で行きたいのに」と思った。

高校3年生だった2006年5月に初めて修学旅行で朝鮮に行って、軍事境界線に行って板門店も入った。川崎のOG・OB（卒業生）には写真を見せたが、朝鮮と韓国を分けている線が、このファイルくらいの大きさと高さだった。私の同級生はみんな思っただろうけれど、統一したら韓国から朝鮮に歩いていきたい。そして自分の足で飛び越してみたい、という夢が一つできた。（笑）

「東アジア市民」として向きあうことの大事さ

2015年、ハナの初期のメンバーどうしが、韓国富川市の市庁舎前の芝生広場で野外結婚式をおこなった。新郎は、先に高校時代の発言を紹介した韓国のNさん、新婦は日本のSさん。ともにハナの卒業生で、サポーターとして現役高校生たちを支えつづけてくれている。15年間のぼくの夢のひとつが実現した瞬間だった。ふたりをロールモデル（生きかたの理想）とするようなハナの高校生と卒業生たちは、まさに「東アジア市民」として、日韓の歴史をふまえ「ともに生きる」存在なのだ。

ぼくにとって、ハナのメンバーは「東アジア市民」そのものだ。それぞれのもつ日本人としてのありかた、韓国人としてのありかたを見ない、ということではない。アイデンティティ（自分自身は何者かということ）は「あれかこれか」（日本かコリアか）でなく、「あれもこれも」（日本でもコリアでも）でもあるべきで、自分で選びとることができるはずだ。

「市民」とは、国家に従うだけでなく、より良い社会のために自発的に行動し、同時に、国を越えてほかの地域の市民とつながっていくことができる人びとだ。国の中でも、そして国境を越えても、さまざまな人びととつながることで市民は生まれ成長してゆく。

東アジア市民としての生きかたとは、具体的にいえば、日本、韓国、北朝鮮、中国、台湾といった東アジア地域圏に住まう人びとが、相互に向きあう姿勢をつくりあげていく生きかただ。とりわけ日本人であるぼくらは、東アジアにおける過去の侵略や植民地支配の歴史をしっかり受けとめ、歴史の課題を引き受ける責任がある。そのような負の過去をもつ日本人として、「同じ東アジア市民ですよね？」と問いかけたときに、この地域の人びとは、はたして「はい、そうですね」と笑顔で応えてくれるだろうか。そんな応えが返ってくるような、あたたかな関係づくりが必要だ。

日本と他国だけではない。韓国と北朝鮮、中国と台湾など、過去の歴史から対立をかかえざるをえなかった国が東アジア地域には同居している。それでも、市民どうしはけっして敵どうしではない。相手を「絶対悪」と決めつけるのではなく、たとえ理解できないことがあったとしても、相手の存在を尊重

ハナのメンバーたちが編み出した、顔に手を添えるハナ（花）ポーズ（2017年）

し、リスペクトをもつことが大事じゃないだろうか。リスペクトは一般には「尊敬」と訳すけれど、語源的にはre-spect、まなざし（spect）の往還であり、おたがいの目を見つめあう関係性なのだと思う。おたがいへのリスペクトをもったコンフリクトが、平和な未来を創造していくと信じたい。

最近のハナの日韓のメンバーたちは、ＬＩＮＥを使って日常の連絡をおこなっている。日本に住む友だちと連絡するのと同じ感覚だ。もし、あなたがＫ－ＰＯＰが好きで、ハングル表記の名札を通学カバンにつけているとしたら、「東アジア市民」のイメージをわかってもらえるかもしれない。

ハナのような団体は、まだ日本では少ない。でも、さまざまな機会で、外国人、とくにほかのアジアの人びとと出会うことはできるはずだ。数は少なくなったが、各地に朝鮮学校がある。朝鮮学校では、地域に公開したイベントを定期的におこなっていて、おいしい焼き肉が出されたりする。ぜひ一度、訪れてみてほしい。ほんの一回の出会いであっても、それは、あなたが「東アジア市民」になる第一歩であり、同時にあなたが、次に話す「アライ」になる瞬間となるだろう。

2 アライというありかた
——傍観者ではなくなることは可能か

反差別のブレーキを

ジェノサイドへのアクセルが踏みつづけられているなか、ぼくらがしなくてはならないのは、アクセルを止めさせるとともに、アクセルよりも強力なブレーキを踏みつづけることだ。ちょうど、ジェット旅客機が着陸のときに逆噴射をするように。人種差別撤廃条約の除外事項をなくし、差別禁止法を制定させること。それによって、差別煽動や極右の活動を違法化すること、「人種」概念を問い直し、反差別教育を充実させること、などを実現したい。

18歳になれば、日本国籍をもつ人たちは選挙権を得て政治に参加することができる。選挙権や被選挙権は、日本人「特権」の最たるものだ。このような法律の制定や、行政による啓発・支援活動の推進に力を貸す政治家に投票することも、反差別ブレーキになる。さらには、自分がそういう政治家になってもいい。マジョリティとしてもつ特権は、このように活用すれば有用な「武器」になる。

ただ、これらは、言うはたやすい。選挙での投票行動は簡単だけど、政治を動かすことは並たいていのことではない。未成年や外国籍の人にとっては、政治に参加する道はさらに狭い（念のため、これは政治に参加する権利がないということではない。選挙権のない子どもや外国籍の人でも、住民・市民として意見を表明し、政治家や選挙民に働きかける権利がある。日本国憲法は、子どもや外国籍の人にも、国や地方公共団体へ要望を伝える「請願」という参政権を認めている）。

アライになるということ――傍観者をやめること

それでは、もっと身近なレベルで、個人としてできることは何だろう。まず何より、黙って見ているだけの傍観者であることをやめることだ。いじめの話を前にしたけれど、傍観者が変わることがたいせつなのは同じだ。ほかの言葉で言えば、マイノリティの「アライ（ally）」となること。

この言葉は、性的マイノリティの分野で使われてきたもので、「仲間」とか「味方」の意味。自分自身はマイノリティでなくても、マイノリティの側に立とうとする人のことだ。前の時間で迅野さんが紹介した、黒人への差別に抗議していっしょにランチカウンターに座った白人たちを思い出してほしい。

5時間目で話した、日立就職差別事件で在日コリアンの支援にかかわってきた人びとも、いまの言葉でいえばアライといえるだろう。朴（ぱく）さんを助けた慶応の学生たちは、ある者は川崎市に就職して行政側から、ある者は地方政治家になり、事件後も一貫して在日コリアンにアライとしてかかわりつづけていった。この時代に使われた言葉を使って、アライを「共闘者」あるいは「共生者」と訳してよいかもしれない。

前の時間に迅野さんが紹介した、アメリカのヘイゼルさんも、40年を経てレイシストからアライへと変化していった。7時間目でお話しした、レイシストに「出会い直し」を呼びかけた崔（ちぇ）さんや桜本のハルモニたちも、いつの日か、かれらがレイシストからアライへと変化することを期待していたのかもしれない。

マイノリティと向きあい、まなざしを交わすこと、たとえそこになんらかのコンフリクトがあったとしても、対話的な関係、話を聴きあう関係をもつこと、そのような関係性がアライだ。アライは共感的理解力（エンパシー）あふれる「共感者」でもあるべきだし、苦しみを共有（共感共苦＝コンパッション）する「共苦者」でもあるべきだ。

「味方」であることは、行動しなければわからない。たとえば、だれかがマイクロアグレッションとみなされるような発言をしたら、すかさず「それってちょっと差別的じゃないかな」「それはステレオタイプだから、言われた人は傷つくかも」と指摘する。日本の社会って、コトを荒立てることを嫌うところがある。でも、勇気をもって言ってみよう。

もちろん、自分自身もマイクロアグレッション的な発言をしないように、日ごろから自分自身のもつステレオタイプや偏見を自覚することが大事だ。3時間目で朴錦淑(ぱくくむすく)さんが「むしろ『自分は差別なんかしないよ』なんて言う人のほうが危ない。自分にもその可能性があるという気づきをもてる人のほうが信頼ができる」と言っている。時として無意識に差別的な偏見をもってしまうこともあるだろう。過去を振り返り、「なんで、そんな偏見をもってしまったのだろうか？」と考えてみることがたいせつだ。

オランダの小学校の、いじめに関する授業をテレビで見たことがある。先生が「いじめはいけません」などと教えるのではなく、子どもたちがロールプレイ（役割を決めて演技をすること）で、いじめの場面を演じてみる。役割として大事なのが、その場面でふたりのあいだに割って入る「仲裁者」だ。仲裁者は、いじめられている子の側に立ち、その子が孤独ではないということを示すことになる。これもアライの役割だ。

「ピンクシャツデー」って聞いたことがあるだろうか。カナダでは、2月の最終水曜日に「いじめ反対」の意思をあらわすためにピンクのシャツを着るというキャンペーンがあるという。

このキャンペーンには由来がある。あるとき、ピンクのシャツを学校に着ていった男の子が、ゲイみたいだと友だちにからかわれ、暴力を受けた事件がおこった。すると、その学校の先輩たちが、SNSを通じて仲間と示しあわせ、次の日にいっせいにピンクのシャツを着ていったそうだ。いじめを受けた男の子に、きみはひとりではない、アライはこんなにいる、ということを示したんだ。

傍観者ではなく、アライとして行動し表現すること。それは、問題がいじめでもマイクロアグレッションでも、ヘイトスピーチでもたいせつなことだ。

ぼくの暮らす川崎市では、ヘイトデモがおこなわれる可能性がある駅前で、ヘイトに反対する市民が、読書をしながら監視する「反差別読書会」という活動が定着している。ただ座って本を読んでいるだけでも、レイシストに対する抑止力になり、マイノリティを力づけるアライとなる。「ふつうの人」が、傍観者ではないという立場を鮮明にすることが必要だ。

また、神奈川県と町田市にある四つの朝鮮学校（朝鮮初級学校）の入学式に、「入学おめでとう」の幟（のぼり）を持って駆けつける「入学応援隊」の活動を、神奈川県内の市民団体が中心になっておこなっている。ぼくも最初の呼びかけ人のひとりだ。朴錦淑さんのインタビューで、京都女子大学の学生たちが朝鮮初級学校に本を贈る活動しているという話があった。これもアライとしてのありかただ。

さまざまなアライとしてのありかた

もっと積極的な人なら、ヘイトスピーチの現場に行ってみることもできる。多くの人びとの抗議があって、桜本などではヘイトデモを止め、マイノリティの尊厳が守られた。カウンターと呼ばれる抗議の現場では、時としてヘイトデモの参加者と激しいやりとりになる場合もあるので、少し抵抗があるかもしれない。そんなときは、ヘイトに反対するメッセージを書いたポスターを持って、黙って立っているだけでもいい。実際、そのようにして静かなカウンターを実践している人も大勢いる。3時間目で迅野さんが書いていたように、そんな人たちの姿があるだけでも、ヘイトを向けられた人たちにとっては救いになることもある。

「在日特権」などといったレイシストの主張がいかにデタラメなものかを理解するために、正しい知識を身につけることも差別への対抗となる。きちんとしたメディアリテラシーをもって、マスメディアやネットの情報を見分けることと、日本もふくむ東アジアの歴史、とくに近現代史をしっかり学習することもアライとしてのありかたにつながる。

そして、自分が理解したこと、アライとしてのありかたを、まわりの人にも伝えよう。アートやデザインが得意なら絵や動画で表現したり、詩やラップ、音楽やダンスとして広めたりしてもいい。SNSも、うまく使えばアライの

ヘイトデモに抗議する市民（カウンター）

輪を広げることができる。

以上のような行動や表現をすることは、もしかすると、まわりの「ふつう」から浮いてしまうかも？　と、ためらわれるかもしれない。でも、だいじょうぶ。「ふつう」じゃないことは、ちょっとかっこいいことでもあるのだから。それに世界では、有名なアーティストや企業家、セレブと呼ばれるような人びとが、差別に反対するメッセージを出すことは「ふつう」のことだ。みなさんがこれから生きていく世界の、より大きな視野での「ふつう」はどっちなのか、考えてみてほしい。

ぼくは、傍観者であることをやめ、アライでありたいと願っている。あなたはどうだろうか。

ヘイト時代の学校のありかたとしての多文化共生教育

あなたがアライをめざそうと思ったとき、ひとりぼっちにならないように、まわりの大人がサポートしてくれたら安心できるよね。ほんとうは、みなさん以上に、ぼくら大人がもっともっと差別とたたかう姿勢をもたなくてはいけないんだ。だから、ここからは、あなたの先生や周囲の大人たちへのメッセージもふくまれる。

２０１６年にできたヘイトスピーチ解消法では、その第６条で、ヘイトスピーチをやめさせるための学習を学校でおこなうとしている。でもおそらく、みなさんの学校でヘイトスピーチや差別について勉強することは、あまりなかったんじゃないかな。アライとしてマイノリティの側に立ち、その人権を守ることができる市民になるための、「ヘイト時代の多文化共生教育」がほんとうは必要だ。それは同時に、マイノリティにとっても、市民としてマジョリティと「ともに生きる」すべを学ぶ教育でもある。

マイノリティのアライを生み出すには、みなさんの先生たちの意識が変わることが必要だ。多文化共生にかかわる歴史や現状、差別やヘイトをめぐる問題点を、しっかり学んでから先生になるシステムが大学にほしい。また、外国籍教員がもっと増えてほしい。外国籍の教員は校長などの管理職や主任になれない現状がある。これは差別であり、改善しなくてはならない。

２０１９年に改正入管法が施行されたことによって、一部の在留資格では子どもや配偶者がいっしょに来日できることになり、その範囲は近年さらに拡大されている。急速な円安により、外国人が日本で働くメリットが薄れてきているが、少子化に歯止めがかからない以上、これからますます日本の学校で、外国にルーツをもつ子どもたちが学ぶことになっていくだろう。それは、何も対策をしなければ、必然的にヘイトの動きを強めることになる。この意味でも、子どもたちがアライになることができる「ヘイト時代の多文化共生教育」が必要だ。

他人を助けないことを学んでしまうような国のかたちを変えること

でも、深刻なことがある。在日コリアンで人材育成コンサルタントの辛淑玉さんが、こんなことを言っているんだ。

あるとき、辛さんは人権標語の表彰式に講演者として参加していた。入選した小学校低学年の子どもたちに、壇上からこう訊いたそうだ。「もし友だちがいじめられていたら、どうする?」って。そうしたら、入選した子どもたち全員が「助けない」と言ったんだって。まだ小学校低学年だから、大人に気に入られようとして、心にもない言葉を使うことはなかった。だから、これはいまの子どもたちの本音とも言えるだろう。

生まれてたかだか10年にもならない段階で、「他人を助けない」ことを学んでしまう国ってどういう国なんだろう。辛さんは、子どもたちに「ごめんね。あなたたちは全員、助けられたことがなかったんだね。子どもを助けられない大人ばっかりで申し訳ない」と謝ったそうだ。

これがあなたにとっても本音だったら、「アライ」なんて絵空事にすぎないことになってしまう。そうではないと信じたい。困っている人を見かけても、「関係ない! そんなの自己責任」と吐き捨てるように言ってしまう社会。そして、国が「自分のことは自分でやってね」と国民を放り出してしまうような社会。そんな国のかたちを変えることが、じつは、ヘイトをなくすためのいちばんの根本なのかもしれない。

傍観者ではなく、アライになれるような多文化共生教育を、もっともっと現場で広げたい。

ぼくも大学で、もう少し、そのために働いていくつもりだ。

11時間目 「学びほぐし」と「共感」について

金迅野

1 「学びほぐし」と「出会い」

この「教室」も閉じる時間になってきた。最後に、ぼくらが生きている社会のありようについて、ぼくが考えるべきと思っていることを伝えようと思う。それは、ぼくらが生きているこの社会のありようが——ちがう言葉で言えば、なんとも言えないぼくらの社会の「生きにくさ」が、この教室で考えてきた「ヘイト」の土台をつくってしまっているのではないか、と考えるからだ。

そのことを考えるために「学ぶ」こと、「出会う」ことをめぐって、いっしょに考えたいと思うことを述べようと思う。

unlearningと「出会い」

8時間目で、風巻さんが「unlearn（学びほぐす）」という言葉を紹介した。

鶴見俊輔さんという哲学者が、アメリカの大学で学んでいたころ（1940年ごろ）、ヘレン・ケラーに会って自己紹介をしたときに、彼女からこの言葉を聞いたという。

ヘレン・ケラーは「わたしは……大学でとてもたくさんのことを学んだ。だが、そのたくさんのことをunlearnしなくてはならなかった」と話したそうだ。鶴見さんは、そのことを紹介しながら「unlearning」という言葉を「学びほぐし」と訳している。

ぼくらが「当たり前」と思っている「知」のありかたは、どうやら社会の「当たり前」を前提にしてしまっていることがあるようだ。視覚と聴覚に障がいがあったヘレン・ケラーにとって、学校で教えられる知識のありようは、そのままでは彼女のからだの受け皿にしっくりこなかったのだと思う。ヘレン・ケラーのからだが、ぼくらにとっての「当たり前」をほぐして、もうひとつの学びのありかたを「unlearn」という言葉で示した。そのことを鶴見さんは、多くの人が気づかずに通り過ぎている、とても大事なこととして深く受けとったのだと思う。

ぼくは、他者によってこのような気づきがおこることこそが「出会い」ではないかと思っている。そういう意味での「出会い」が、言葉の深さをとらえることとつながっていることが、ここに示されていると思う。

考えてみると、ぼくたちの社会は、じつに多くの「答え」に満ちている。「成功するための○○の方法」「子育てはこうするべき」「傾聴の仕方」「偏差値を20上げる方法」「人づきあいが上手になる方法」……。いろいろな悩みや疑問に対して、氾濫する答えの数かず。でも、それらの多くは、葛藤や問題を「解決」するために、あるいは失敗や、失敗がもたらす「痛み」をあらかじめ避けるために、多くの技術みたいなものを身につけて、「うまくやっていく」ための処方せんとして書かれているように、ぼくは思う。

でも、そういう「学び」を「ほぐす」ことがないと、じつは、葛藤とか問題をほんとうに「ほぐす」ことはできないのではないだろうか。「痛み」とか「問題」の深いところにある何かにふれることなく、「解決」する「方法」だけが積み重なってしまうと、肝心の「出会う」ということが、ないがしろにされないかしら。そんなふうに思う。

ぼくらが考えてきた「ヘイト」は、そのような「出会い」の拒否でもあったのではないかと思うんだ。

ここで、ひとりのおじいさんを紹介しようと思う。その人の名前は萱野茂さん。ぼくがじっくりお話を聞いた、はじめてのアイヌの人だ。１９２６年に生まれて２００６年に亡くなった。

萱野さんは68歳のときに、アイヌの人ではじめて国会議員になった。議員になった翌年（1995年）に、ぼくは友だちに紹介してもらって国会でお話を聞いたんだ。以下は、そのとき聞いたお話の一部をまとめたもの。ぼくはこのとき、生きていくうえで大事なことを萱野さんに教えてもらったように思う。いまを生きるみんなにとっても、たいせつだと思えることのように思うから、紹介しようと思う。

人と話をするには時間をかけねば

アイヌが大事にすることのひとつにチャランケ（とてもていねいな話し合い）があって、それには二種類ある。カムイ（神様）とのチャランケと、人間どうしのチャランケ。カムイはアイヌを見守るのがつとめだ。だからアイヌが事故や災難にあうのは、カムイが油断したから。だから、これからは見張りをしっかりやってもらうようにお願いするのがカムイとのチャランケ。人間どうしのチャランケは、たとえばアイヌはもめごとがおきると、本人どうしがとことん話しあうんだけれど、それには決まりがある。それはこういうもの。

●チャランケをするための場所に、村じゅうの人が集まって見守るなかで、ふたりがきちんと向きあう。

●ひとりが言いたいことを全部言い終わるまでは、もうひとりは黙って耳を傾ける。相手が言い終わったらはじめて、述べられたそれぞれの点に反論して自分の意見を述べる。

●決着がつくまで、何時間でも何日でも、そのまま飲まず食わずで言葉のたたかいをする。ホームルームや会議のように「あと何分」という制限はない。

●ハゥトルンクル（言葉のあいだにいる人の意味）と呼ばれる調停者は、アイヌの言葉、やりかた、知識をよーく知っている人が選ばれて調停にあたる。

●子どもたちは日頃からユーカラ（口伝えされてきた物語詩）やウチャシクマ（昔からの言い伝え）などを聞いて、チャランケの練習をする。

ぼくは萱野さんのお話を聞いて、「チャランケ」のようなことが、学校やいろいろな場でもおこなわれればいいのにって思った。そう、「チャランケ」は子どもたちより、むしろ大人たちに必要なことだろう。

ぼくらの社会は、相手の言い分をじゅうぶんに聴く「チャランケ」の知恵を失ってしまっているのではないか。相手の話を聴くどころか、相手に出会うことすらなく、見たこともない相手をやっつけること、傷つけること、相手よりも強くなって相手を黙らせることだけを考える人が増えているように思うんだ。

「スペック」を上げる人生／保育器をスライドしていく社会

お隣の韓国は、競争のきわめて激しい社会といわれる。子どもたちは小さいときから、未来に備えてさまざまな習い事をする。よい学校に入り、よい企業に就職するために必要な能力は「スペック」（性能、長所といった意味）と呼ばれる。スペックは、競争に勝って人生の「勝者」になるために必要なものとされる。

韓国の有名な進学校で、学年トップの成績をずっと収めつづけた、ある高校生がいた。あるときの試験で、たまたま順位を落として母親に叱責（しっせき）された彼は、奮起して1位を取り戻したんだけれど、その直後に自死してしまったんだ。「母さん、これでいいんですよね」という遺書を残して……。

「なんて愚（おろ）かなお母さんなんだ」と非難するのは簡単なことだ。でもぼくは、そのお母さんを責めたところで、なにかが変わるだろうか、と思う。そして、「そういう非難を投げかける自分は、いったいだれなのか」という問いを抱きしめなければいけないと思う。この事態を受けとめざるをえなくなったお母さんの救いはどこにあるだろうか、という問いとともに。

ぼくが大学生のときに、藤田省三さんという人が、そのように「スペック」をひたすら求めるような社会のありかたを、「保育器」をスライドしていくようなもので、そこには人間の成熟が抜け落ちていると指摘した。「保育器」という言葉で象徴される社会のなかでは、人は与えられたものを吸収することに集中する。そして、正解を蓄積することに偏りすぎて、問いをゆっくりと噛みしめながら考えるということをおろそかにする。

人間が成熟するのは、本格的な問いを抱きしめながら、自分の全体が揺れ動くことを通してだから、資格試験をパスするような知識の蓄積だけで、次のステージの「保育器」に移動していくような知識の積み重ねからは、人間の成熟が生まれない。人類史のなかに組み込まれている「成人式」の分析を通して、藤田さんはそのように問いかけた。

藤田さんの問いかけは、「大人とは何か」を考えざるをえなかったぼくにとって、するどく、痛く、深く迫ってきたのを覚えている。そしてその問いかけは、いまでもぼくの心の中に響きつづけている。成熟の機会が奪われているということは、風巻さんが8時間目で述べた「自発的」に権力に隷属するマインドの発生と、結びついているのかもしれない。ぼくはいま、自分ごととしてそう思う。試みに、大人たちに聞いてみてもいいかもしれない。「いつ大人になりましたか」「大人になるってどういうことですか」と。少なくとも、役所から送られてくる「成人式への招待状」で成り立つものではないだろう。

成熟には、味噌や醤油がじっくりと時間をかけて姿かたちを変えるように、一定の時間が絶対的に必要だろう。だから、ものすごい勢いで「保育器」から次の「保育器」に向かって突っ走る人は、知らないうちに成熟の機会を失っているのかもしれない。そういう人の眼には、さっき紹介したアイヌの「知恵」も、「スペック」にならない、「使えない」陳腐なものに映ってしまうのかもしれない。そして、そういう疾走のなかでは、人間の成熟に必要な、深い問いかけをふくむ「出会い」も必要と思えなくなるのではないだろうか。

人間は「出会い」をコントロールできない。「わたしは出会うぞ！」という思いだけで「出会い」をつくりだすこともできない。「出会い」は、考えてみれば不思議な現象で、概念とか知識とはぜんぜん別のものなのだ。処方せんのような「知識」は、一時的に有効な「解決」めいたものを示してくれるように思えるけれど、それは先にも言ったように、人間のほんとうの成熟とは無関係のことだ。マニュアルのような知識は、ある種の「学び」を増殖させるかもしれないけれど、だれかに出会って、葛藤しながら自分が練られていくということを想定しないからだ。

二つの「かくれんぼ」と出会い

徐類順(そゆすん)さん（1930年生まれ）の小学生のときの記憶。戦前の朝鮮半島で、友だちになった日本人の子の家に呼ばれたときに見た、不思議な光景。類順さんがその家に遊びに行くと、家のそこここに10円玉が置かれていたという。なんとも不思議な光景を眺めながら、類順さんが子ども心に気づいたのは、家の子は隠れていて、「（わたしが）もっていくかみはっていた」ということだった。類順さんは、「そのころほかのいえでもにほんじんはおなじことをしていました」と語っている(『わたしもじだいのいちぶです』より)。

子どものころの、このような記憶にふれるとき、ぼくは胃液がさかのぼってくるような気持ちになる。植民地の子どもの「犯罪」を、隠れて眺めようとする宗主国の子どもの意地悪な「遊び」にひそむ闇。ぼくは、この「遊び」は「かくれんぼ」もどきだと思うんだ。その理由はあとで述べるとして、幼い類順さんは、そのことのあと、どのような視線をその子に投げかけていたのだろうか。この暗い「遊び」のなかには、先に述べた「出会い」の可能性がきれいに排除されているように思う。

だれでも知っている「かくれんぼ」という遊びは、これも先に紹介した藤田省三さんに教わったのだけれども、オニと隠れる人の立場が自由に入れ替わることを前提にしている。オニは、目をつぶっている何秒かのあいだに景色が一変することを経験する。人の気配が消える。オニはすっぱい孤独を感じながら、一所懸命に仲間を探す。そして、隠れた人を見つけることで、不思議な孤独から解放されていく。それは、小さな「社会」が再生されるということでもあるだろう。

でも孤独なのはオニだけじゃない。隠れる側も孤独を感じることがある。そう、うまく隠れすぎて、なかなか見つけてもらえないという孤独だ。長いことオニに見つけてもらえないと、「社会」復帰できないことの恐怖に堪えられなくて、みずから姿をあらわすなんてこともおきる。そういう経験を、ぼくは何度かしたことがある。

ちがう言葉で言うと、隠れる側も、オニに見つけてもらうことによって救われるのだ。強さと弱さ、勝ち負けが、こうやってみごとに逆転する構造を「かくれんぼ」はもっている。このように、「学びほぐし」の核が、かくれんぼという遊びに埋めこまれていると、ぼくは思う。

成功をひたすら求める現代社会のありようは、オニに見つけられることを「救い」と思えずに、「失敗」と思いこむのかもしれない。でも「成功」しすぎると、人間は孤独になりすぎて、「社会」が壊れてしまうのではないだろうか。いつまでもオニがオニのままでいれば、その「孤独」も救われることがなくなってしまう。「かくれんぼ」という遊びが、ぼくたちにそっと伝えているのは、「勝ち」と「負け」が交代しないと、どっちの人間も孤独に追いこまれてしまうということだ。そして、社会が壊れてしまうということだ。「出会い」や「出会いなおし」がなくなってしまうことだ。「負け」もまた「勝ち取る」べきものだし、「勝ち」にも苦さがあるということ。そのことを、すべての人類が共有しているだろう「かくれんぼ」という遊びが、ぼくらのからだに埋めこむかたちで教えてきたと思うんだ。

徐類順さんの「かくれんぼ」では、類順さんが社会を取りもどす可能性はあらかじめ排除されていた。類順さんがオニでしかない「かくれんぼ」もどきは、「出会い」や「出会いなおし」を用意しない。勝利はかならず「強いわたし」のものでなければならないのであり、その考えは、勝利のためのゲームの最中に、時に自分を問うてくる他者など、いっそいらないと思ってしまう心を生むのかもしれない。ぼくは、それが多くのヘイトの気持ちを支えている正体のひとつだと思う。

ＳＮＳ上をふくめたヘイトの言葉は、「勝者」には媚びへつらいながら、自分も「勝者」と同じであることを示すために、だれかを自分より下の存在として必要としているように思えてならない。「出会い」のためではなく、いじめて傷つけるためにだけ必要とされるだれか。

話はちょっと変わるけれど、これは歴史にもあてはまると思う。歴史をめぐる「ほんとう」をめぐって、いまも論争が絶えないのは、いろいろな「ほんとう」や「事実」がせめぎあって、多くの人が「自分の言う事実こそ正しい」と主張しあうからだろう。でも、そういう主張を読むときに、その主張が、「かくれんぼ」のように「勝者」と「敗者」の入れ替わりを想定しているかどうかを確かめることが大事だと思う。そこに「敗者」の声がどのように響いているのかを聴くこと。そして、その主張が、だれがオニで、そのオニが社会に帰れる道を、どのように備えようとしているのかを、見きわめることが大事だと思うんだ。

ところで、ぼくが住む街の多くの公園は、見通しがいいようにつくられているように見える。いま子どもたちは、見通しがよすぎて隠れるところがなくなってしまった公園で、「かくれんぼ」をしているかしら……。

ちがう「痛み」どうしが連なる

ハワイの移民どうしの交流がすてきなミックスプレートを生み出したように(6時間目)、自分とはちがう痛みをもった人とのつながりを求めて発せられる声に、ぼくは出会ったことがある。それは、琉球(いまの沖縄)をルーツにもつ日系ペルー人の大城正子さん(1930年―2022年)の声だった。

大城さんは、1990年代の入管法の改正によって日本へ働きに来ていた娘さんたちに呼ばれて、2004年に来日した。ペルー生まれの大城さんは、小学校低学年まで日本人学校に通っていたのだけれど、第二次世界大戦で日本が敵国になったため、学校が閉鎖になり、日本語の読み書きをじゅうぶんに習得する機会をもてなかった。その後も貧困のなかを生き抜くために、学ぶ機会を得ることができなかった。

来日した大城さんは、やがて「トラヂの会」という在日コリアン1世の交流会に参加するようになる。見た目は日本人ふうでも日本語の話せない彼女を、最初は奇異の目で見ていた在日1世のお年寄りたちも、彼女の歌う「ベサメ・ムーチョ」という有名なスペイン語の歌につられて、いっしょに歌って踊るようになり、いつのころからか、たがいになくてはならない友人になった。

そんな大城さんが、「ウリマダン」（わたしたちの広場という意味）という識字学級で自分史をつづる活動をしているときに、自分の友だちの在日コリアンのハルモニたちがヘイトスピーチにあっていることを耳にし、胸を痛めて以下のような文章を書いた。

それは、たんなる仲良し以上のなにかが、大城さんとハルモニたちとのあいだに生まれていたことの証しだった。それは、ちがうroutes（生きてきた人生の道のり）をもった者どうしが、人生の交差点で出会いなおした瞬間だった。

戦争のころのこと　大城正子

日本人の学校がなくなったのでペルー人の学校に行ったら、「チーノ（目が小い(ママ)ことをからかうことば）」「ここはおまえの国の学校じゃない」といわれた。はたけをとられてお父さんが人のはたけではたらいていたら畑の中をとおる人がいてお父さんは「そこはみちじゃないよ」と言ったら「ここはお前の国じゃない。どこでもみちだ」と言われた。「あなたの国にいきなさい」と、戦争がおわってから、「日本はまけたのだからかえれ」といつも言われました。そのときさみしかった。トラヂ会やウリマダンの友だちが「ちょうせんにかえれ」「しね！　ころしてやる！」といわれたらどんなにかなしいか、私はよくわかります。

二〇一六年六月十五日

（「トラヂ会ミニ文化祭　記録集」より）

大城さんの文章に心が動かされるのは、「差別はいけない」と表明することを、「正しい」とする知識や、緻密で洗練された概念によって「正解」を求めるのではなくて、「これはなんなんだ？」という、大城さんにとっての大事な「問い」をくぐり抜けてきた、からだ全体が発する言葉だからではないだろうか。ちがう言葉で言えば、それは「unlearn」ということなのかもしれない。大城さんの文章は、その意味で、ぼくらが「出会い」を通して何を「学びほぐす」必要があるのかを、伝えているように思う。

ミックスプレートを生むきっかけになった、貧しい移民たちが肩を寄せあって分かちあったおかずのひとつひとつは、その人の国を代表する「国の料理」なんかではなくて、その人の「家の味」だったはずだ。いろいろなことを経て、「いま、ここ」で、ある人が食べているおかずには、その人の微細な routes（生きてきた人生の道のり）が埋めこまれているのだろう。ぼくは、そのような繊細な routes をこそ、見つめ、分かちあえる者でありたいと思う。

大城さんの文章も、ちがう routes をたどってきて、いま、ここで出会った人たちが、自分とちがう痛みをもっていることへの共感だったのだと思うんだ。貧しさのなかでも、つらい目にあっていても、だれかとだれかが、自分の routes が染みこんだ、なけなしのなにかを分かちあうこと。「勝者」や「敗者」という単純な仕分けを超えた、なにかを分かちあうこと。きわめてささやかなことだけれど、ぼくは、そのことの尊さを、だれかの苦悩のなかに見いだし学ぶ者でありたいと思う。ひとりの移民の子孫として。そして、ひとりの人間として……。

2 「共感」と「共振」

「責任」と「応答」を考える

メルッチというイタリアの社会学者が、「責任」という言葉について、こんなことを言っている。「責任」には、「引き受ける（responding for＝責任をとる）こと」と「応答する（responding to＝自分のありようを認識し、自分をその関係の中に位置づける）こと」の二つの側面がある、と。

ぼくらは、生きているうちに、あることがらの原因をつくったり、なにかをしでかしてしまうことがある。期待を裏切ったり、道を踏み外したり、人を傷つけたり……。そのことをめぐる後ろめたさから、完全に逃れることはできないだろう。しでかしたことがらの「責任」（引き受けること）から逃げてしまいたいという気持ちがわき出てくるのは、だれしも経験していることだと思う。それをどう考えたらいいのだろうか。

責任の二番目の意味＝「応答する」は、この「引き受ける」ことが前提になってはじめて生まれる。「引き受ける」ということがあるからこそ、だれかとの関係の糸がしっかりと結ばれて、その糸を通して、ぼくらはそのだれかに向けて、なんらかの形で「応答」することができるのではないだろうか。

最近、気になるのは、この「引き受ける」ということと「応答する」ことが、「自己責任」という文脈で語られてはいないかということだ。「自己責任」という言葉を持ち出すと、「引き受ける」とは「おまえがしでかしたのは、おまえの自己責任なんだからなんとかしろ（おれには関係ねえ）」ということになってしまうし、「応答」は「しでかしたおまえがどう落とし前をつけるのか、ちゃんと態度で示せ」ということになってしまうのではないだろうか。

だれかが自分のしたことの結果を「引き受ける」とき、それを自分ひとりでは背負いきれないこともあると思う。その重荷に耐えかねて、ため息をついたり、むせび泣いたり、涙さえ出ないくらい放心してしまうことだってあるかもしれない。しかし、その苦悩によって生まれる振動のようなものが、だれかに伝わって「受けとめられる」ことも、「責任」にはふくまれるのではないかと考えたい。そして、先に紹介した大城正子さんのように、だれかの振動を受けとめた、こころが共振することが「応答する」ことなのではないだろうか。「人間はひとりでは生きていけない」ということ、「この世には自分がかかえているのとはちがう痛みがあるということ」の意味は、じつはここにあるのではないか。ぼくはそう思う。

責任を負うことは「めんどうくさい」ことだ。でも「めんどうくさい」ことを忌避して生きつづけることは、葛藤のなかでゆっくり、じっくりおこなうチャランケ／対話によって成り立つ、人間としての成熟を拒否することでもあるだろう。そして、先にも言ったように、それは一人ひとりの人間が「孤立」を深めることにつながるだろう。いまも、試験に受かることで「保育器」を移動していくだけの生のありかたが、社会全体でおきているとしたら……。

痛みを受け取る「センサー」の話

だれだって痛い目にあったことがある。大きな壁にぶちあたって、「もう無理」って思ったことがあるだろう。ぼくも何度か経験した。「自分はひとりぼっちだ」って思ったこともたくさんある。何度もうなだれて、ため息をついた。「このトンネルからは抜け出せないんだろうなあ」ってつぶやいたこともある。できれば迂回したいけれど、どうしても苦難は向こうからやってきてしまう。「これはいったいなんなんだ⁉」という事態。そのなかで、(神さまに) そっと与えられるものがあるように思う。それが「痛みセンサー」。

「ともに生きる」ということを考えたり、実際に眼に見えるものにするために、「共感」という言葉について考えてみたいと思う。「共感」は英語ではシンパシー（sympathy）だけれど、分解するとsyn(m)＋pathyになる。「syn」はギリシャ語起源の言葉で「同じ」という意味。「pathy」はギリシャ語の「pathos」から来ていて、「痛み」という意味があるという。だから「共感」は「痛みを同じくすること」っていうことになる。でも、だれかの痛みとぼくの痛みはまったくちがうはずなのに、「同じくする」って少し気味悪くないかな？

そこで、ぼくが考えたのが「痛みのセンサー」。音叉（おんさ）のようなものをイメージしてほしい。たとえば、だれかの身に苦悩が訪れてきて、その人が震えているとしよう。その人の心のなかの音叉のようなものが震えている。その震えが、その人の痛みとはちがう痛みをもっているぼくにも伝わってくる。ぼくのなかに植えつけられた音叉のスイッチが入っていれば、ぼくにもその人の震えが伝わってきて、知らず知らずのうちにぼくも震えている。自分の力ではどうしようもない不幸に見舞われた人、思いがけずに暴力をふるわれてむせび泣いたりしている人、たとえば震災のような圧倒的な経験の前に、表面的な「震え」すらおきずにただただ呆然とたたずむしかない人。眼や耳ではかならずしもとらえられない、そのような「震え」が、どういうわけかぼくにも伝わってきて、いっしょに震えて／振るえている。生きていると、ふいにそういう「共感／共振」がおきることがある。

西洋に伝わることわざに「TA PATEHEMATA, MATHEMATA（受苦せし者は学びたり）」

というものがあるそうだ。苦悩を受けた者こそが、人間としてのほんとうの学びにふれることができる、という意味だと思う。

考えてみれば、人間は、勝利したときやなにかを得たときよりも、敗北したり、なにかを失ったときに、より考え、学ぶのかもしれない。自分に引きつけて考えても、だれかに振られたときとか、親しい人とのお別れのときのほうが、なにかがうまく行っているときよりも、深く集中して（集中せざるをえなくなって）考えることができたように思う。「学びほぐし」も、ヘレン・ケラーがそうであったように、社会の「当たり前」から自分がずれてしまっていることから来る違和感や、そのことによって自分のなかに生じたチクッとした痛みの感覚と関係しているのだと思う。それが「センサーが働いている」ということなのかもしれない。

ただ、このセンサーにはスイッチのようなものがあって、オンになっているときにはほかの人の「震え」を感知できるのだけれど、ぼくらのセンサーは、いつもオンになっているとは限らないようだ。自分のことでせいいっぱいになって、ほかの人の「痛み」を感知できないことがある。

では、どういうときにセンサーのスイッチはオンになるのだろう。うまく言えないけれど、ぼくが経験的に感じていることは、ほかの人の「居場所」のような「すきま」が、自分のなかに生まれるときではないか、ということだ。では、その「すきま」は、どのようなときに生まれるのだろう。

それは、自分のことで頭がいっぱいになっていないとき。逆に言えば、「だれかを見ている／だれかを助けている」という思いでいっぱいになって、ぼくがそのだれかに「見られている」、ひょっとすると「助けられているのは、ぼくのほうかも」っていうことを忘れてしまっているときには、ダメみたいなんだ。あるいは、なにか誇れるもので自分を飾ってしまったり、「自分には他人に責められるところなどないはずだ」と思いこもうとしてしまったり、自分の弱さを認められないときもダメみたいなんだ。

逆に、なにかに立ち向かわなくてはいけなくて悶々としているときや、少し調子が悪いときや、なかなか力が入りきらないときとか、強いていえば、どちらかというと余裕があまりないとき。ちがう言葉で言えば、ある意味で油断していて、力が抜けて身構えていないとき。そういうときのほうが、だれかにとっての「すきま」や「居場所」が自分のなかに生じて、センサーのスイッチはオンになりやすいようだと感じている。それもunlearning（学びほぐし）のひとつのありかたかもしれない。

9時間目で紹介したリトルロック高校で、黒人のエリザベスにひどい差別の暴言をあびせた白人のヘイゼルは、自分に子どもができて、新しいいのちを育むうちに、そこに自分の大事な「居場所」を発見したのではないだろうか。そして、その新しいいのちたちの「居場所」が自分のなかにあることにも気づいたのではないか。そして、自分が発したひどいヘイトの言葉が、だれかの「居場所」を奪ってしまったことに気づいたのではないか。

ヘイゼルの心に「ごめんなさい」の気持ちがめばえたのも、そして、暴言をあびせられたエリザベスとついに握手ができるようになったのも、長い時間をかけて、たがいの痛みのセンサーに震えが届いて、振動しあったからではないだろうか。おそらくエリザベスは、受苦した者として、ひどいヘイトの言葉を吐いたヘイゼルが、けっしてモンスターではないということを学ぶ機会が与えられると同時に、彼女をゆるす心もエリザベスに訪れたのではないか。そして、自分のほんとうの気持ちをだれにも聴いてもらえず、葛藤を重ねていたヘイゼルにも、子どもを介した「居場所」の発見を通して、「受苦せし者の学び」を受け入れる「すきま」があらわれたのではないか。それは、ヘイトや偏見をふくむ他者についての「情報／知識」が、「学びほぐし」によって「知恵」に変わった瞬間でもあったのではないか。

夕陽とガジュマルの木

極端な忙しさのなかでずっと走っていると、人間は疲れたという感覚すら奪われてしまうんだと、だいぶ前にカウンセリングの専門家に聞いたことがある。そういうとき、人はたとえば「きれいな夕陽」を愛(め)でるということもできなくなるんだ、と。その話を聞いたあと、あらためて西空のきれいな夕陽を「発見」して、しばらく涙を流したのを覚えている。ぼくも「生きにくさ」を感じていたんだ、と。当時は会社勤めをしていたぼくも、調子よく会社で仕事をするふりをしているなかで、だんだんとなにかがスカスカになっていっていたんだろうと思う。ひょっとしたら、あのとき知らないうちに、ぼくも「保育器」のなかで「スペック」を追い求める生活につかっていたのかもしれない。

　いま、ぼくの机の上には、小さなガジュマルの木の鉢植えが置いてある。沖縄など熱帯が原産の植物だ。眼に見える大きな変化はないけれど、確実に少しずつ育っている。息をし、生きていることを感じる。変な話に聞こえるかもしれないけれど、ときに長い時間をかけて、木が「ことば」を発しているように感じることもある。それは、ぼくが子どもだったころ、登山者が乗鞍岳（標高３０２６メートル）の中腹まで車で行けるように大きな道路が造られたときに、なぎ倒されたハイマツの木や、その死を悼む人たちのことを思い出すようなときだ。

　観光地の発展のためになぎ倒された高山のその松たちは、強い風に耐えるために、風の方向に幹がゆがんで背が極端に低い。地をはうようだから「ハイマツ」と呼ばれる。切り倒されたハイマツの平均樹齢は１０９年で、平均の直径は7・98センチだったという。1年に1ミリの3分の1ずつの成長。

　ぼくたちは、ＳＮＳの素早さや便利さに慣れすぎて、人間一人ひとりのいのちの尊厳だけではなく、ひょっとしたらハイマツたちの、このような成長のスローさをも「ダメなもの」とみなして、見くびってしまっているのかもしれない。

「かくれんぼ」によって学んだ経験が生かされ、人と人が失敗を通しても結びつくようでありたいと思う。いろいろな存在の「痛み」を感じることなく、表面だけでつきあったりするのではなく、痛みをこそ分かちあうことで成り立つような「出会い」を大事にしたいと思う。

そして、人間の「痛み」だけでなく、ときに人間が破壊してしまった自然のなかにも「痛み」を見いだせるような人間でありたいと思う。さらには、自然の破壊がめぐりめぐって、人のいのちを深く傷つけたことから学ぶことができるような、つまり、表面的な「頭のよさ」から遠く離れて自然の「死」をも悼むことができるような、そのような人たち、「受苦せし者は学びたり」という言葉を噛みしめながら生きた「学びほぐし」の達人たちのこころをこそ、感じる人間でありたいと思う。それが「共感」と「共振」の核を、ぼくらのこころに養うものだと思うから……。

エピローグ　――「われわれ」とはだれだろう？

金迅野

自画像を描く

自画像を描いてください、と言われたら、みなさんはどのような自画像を描くだろうか。試みに描いてみてほしい。多くの場合、正面から見た絵になっていると思う。それはどうしてだろう。

いろいろな場でやってみると、多くの人が、鏡に映った自分の像を思い出して描いたという。でも、鏡に映った自分の姿は左右がひっくり返っているから、それは実像とはちがう。鏡のような外部装置を使わずに、ぼくらはどのように自分の顔を描けるだろうか。

この問いを真剣に考えた人がいる。エルンスト・マッハ（1838年―1916年）という人。マッハは、ぼくらが自分の身体と他人の身体とを区別できる理由のひとつは、「自分の身体はただ一部分しか見えず、とりわけ顔が見えないこと」によると述べた。そして、こんな自画像

（図1）を描いた。

外部装置を使わずに、自分の眼で見ることができるのは、たとえば自分の胴体だったり、自分の手や腕や足だけだ。肝心な顔は、自分の力だけでは描くことができない。考えてみれば不思議なことだが、たしかに自分の顔は自分で見ることができない。このことは何を意味するだろうか。

自分の顔をだれに描いてもらうのか。それは、自分ではない他者によるしかない。ぼくらは、自分の顔を描くためにも他者を必要とするのだ。「自分の顔を自分では描けない」という、とてもシンプルだけれど決定的な事実は、人間がどうしても他者を必要とするということを物語っている。

図1　マッハの自画像

自分の顔をだれも描いてくれないと感じるとき、ぼくらは深いせつなさを感じるだろう。だれにも顔を描いてもらえない存在は「カオナシ」なのかもしれない。

いっぽうで、林賢一くんや、エリザベス・エックフォードさんのように、他人から顔をぐしゃぐしゃに描かれてしまうということもある。残念ながら、人間は憎悪をもってだれかの顔を描くということをしてしまえる存在でもある。

自分はいつも「見ている側」で、「だれかに見られている」ということを度外視する人は、自分勝手に他者の顔を描いてしまう。自分より下に見ていた人間が、自分と対等なのだということを突きつけられたとき、やり場のない怒りのようなものが憎しみに転じて、他者の顔をぐしゃぐしゃに描いてしまうのかもしれない。そのことを今日、ぼくらは「ヘイト」と呼ぶのだろう。

この写真（図2）は、そのことを物語る。1903年に大阪で、第5回内国勧業博覧会が開催されたときに、公式会場の脇に「学術人類館」という展示館が建てられた。そこに集められたのは北海道のアイヌ、琉球（沖縄）、朝鮮、中国、インド、そして台湾の先住民とジャワの少数民族の人びとだ。

この写真に写る人びとは、生身の人間だ。生身の人間が、モノの展示と同じように陳列されたということ。そんなことが、万博（万国博覧会）の準備会としての「勧業博覧会」でおきたのはなぜだろう。そこには、暗黙のうちに「観察する人」と「観察される人」が設定されていることがわかる。そ

図2　人類館で「展示」された人たち
（那覇市歴史博物館提供）

れは、文明が進んでいる人・教え導く人・勝利した人と、文明が遅れた人・教え導かれる人・敗北した人の区別でもあるだろう。来場した「観察する人」は、この人びとを「七種の土人」と呼んだ。

ところで、人類館に「陳列」された人たちを「観察する人」たちは、「自分も見られている」ことに無頓着だった。差別は、差別をうけている人の痛みに、多くの人が無頓着になることから生まれると思う。だとすれば、たとえば「わたしはいじめをしていない」「その場にはいなかったし、直接かかわっていない」「ふーん、そういうこともあるんだ」「考えるの、めんどくさい」という考えが、孤独に追いこまれる人の顔を、それと知らず、その人を傷つけるように描いているということにならないだろうか。

imagination（イマジネーション）（構想力）

人びとの移動が当たり前になっている今日、昨日まで地球の裏側で暮らしていた人が、隣で暮らしはじめるということもめずらしくなくなった。いろいろな道具の発達で、物理的な距離はどんどん克服されてきている。ぼくらはいま、過去にないほど複雑な関係の網の目をつむぎながら生きている。だから、ごくごく身近なところでおきることがらと、地球の裏側でおきることがらが、つながっていることなのだと考えることが可能だといえる。

ぼくらが何気なく食べているものや着ているものも、見たことも会ったこともない人によって作られている。それは、ぼくらが便利だと思うときに、それと知らず、だれかの支えを受けている（あるいは、だれかが不当に痛い目にあっている）ということでもあるということだ。自分が生存をおびやかされるような生活をしないですんでいるとき、ぼくらは、この苦い思いを噛みしめなければならない時代を生きている。

ハンナ・アーレントという、ナチスの手を逃れてアメリカに亡命したユダヤ人の哲学者が、聖書の言葉からの連想をもとに、だれかとのつらなりを想うことを「構想力（imagination　この訳はおもに哲学の分野で使われる）」という言葉で表現した。それは「何かを夢想するファンタジー」じゃなくて、「人間の心に独特の暗さ、リアルなあらゆるものを取り巻く特有の密度にかかわ」るものだという。少しむずかしい言いまわしだけれども、「人間の心に独特の暗さ」とは、だれかを排除してしまったり／排除されたり、いじめてしまったり／いじめられたり、自分より下に見たり／だれかに下に見られたり、悪意を抱いたり／悪意を抱かれたり、自分のことでせいいっぱいになりすぎて、人の痛みが感じられなくなってしまうことのように思う。そして、「リアルなあらゆるものを取り巻く特有の密度」とは、ヘレン・ケラーの「unlearning」や、大城正子さんの作文が示していたように、この世には自分がかかえているのとはちがう痛みがあって、その「痛み」を通してだれかと出会うことの時間の濃さではないだろうか。

そしてそれ以上に、そのような「出会い」にめぐりあう手前ですごすことになる、やり場のない暗闇の時間の濃さをもふくむものだろう。だとしたら「構想力」とは、そのように人が出会うことを用意し、先に述べた「痛みのセンサー」を通じて「人間はけっしてひとりぼっちではないんだ」ということを確認し、「差別はなくならない」というあきらめをのりこえさせる力のことではないだろうか。これまで、拙いかたちで述べてきたことも、つきつめればこの「構想力」にかかわるものといえるのかもしれない。

だれかが「痛い」「つらい」と思っていたら、いや、そういうふうに伝える力さえ奪われているとしたら、そういうときにこそ「imagination＝構想力」が必要だし、そのときにセンサーがオンになっていれば、この「imagination＝構想力」がわき出る可能性が生まれるのではないか。それは、逆に言えば、あなたが「痛い」「つらい」と思ったときに、そのことを受けとめ、想像してくれる他者がいるということでもある。「自己責任」という言葉で切って捨てられる社会、他者に関心がない社会は、自分もいざというときには関心をもたれず、捨て置かれる社会でもある。

これまで、何度も「ぼくら」という言葉を使ってきた。でも、ぼくらが「ぼくら」や「われわれ」と言うときに、そこにどのような人をふくんでいるか（いないか）を考えなければならないと思う。大事なのは、一気に「みんな」を、頭だけで考えて「入れてあげる」と宣言することじゃない。エムケというドイツのジャーナリストは、「『我々』とは、誰かがひとりで定義するものではない。それは共に行動する人間どうしのあいだに生まれるものであり、人間どうしが分裂すれば消滅する」ものだと言っている（『憎しみに抗って』より）。

残念ながら、ぼくらは地球上のすべての人を完全に「imagine（イマジン、想像）」することはできない。だからこそ「imagine（構想）」するんだ。具体的に、どういう人がいま「われわれ」から抜け落ちているかを。そして、そういう人たちと、少しずつ、ていねいに、たがいに顔を描きはじめるんだ。たがいを傷つけるためではなくて、たがいの成熟を願って。そこに新しい「われわれ」の姿が浮かびあがることを願って。

井戸掘りをしよう

以上述べてきたことは、ぼくからのひとつの提案だ。そしてこれは、ぼくなりの井戸掘りの結果だと言える。だれかとの出会い、なにかのことがらとの出会いを通して、いろいろな井戸が見つかるのだと思う。出会いのなかで、どの井戸を掘るのかはあらかじめ予想ができない。そして先にも言ったように、そもそも「出会い」を、人間は自分の意志でたぐりよせることができない。ぼくの友人は、「出会い損なう」ことの経験が、逆説的に「出会う」ことの意味を浮かび上がらせることを教えてくれた。それもひとつの「構想力」のあらわれだと思う。

実際に井戸を掘ると、全身泥まみれになるらしい。どの井戸を掘るのかは大きな「問い」だけれども、考える糸口は、先に述べた「センサー」にあると思う。「センサー」を活かそうとしながら、時に泥まみれになることを「めんどうくさい」と思わずに、だれかと、そしてなにかと「出会う」こと。そこに、あなたの成熟、あなたの認識の掘り下げ、あなたがだれと生きていくのかというテーマが埋めこまれていると思う。

それはめんどうくさいことでもある。でも、「めんどうくささ」や「苦しさ」や「痛み」をくぐり抜けたときにこそ、そう、「泥まみれ」になってこそ、その果てに、かけがえのない「愉(たの)しさ」もやってくるはずだ。そして、それはだれかとの「共振」をともなうはずだ。

ぜひ、自分の掘るべき井戸をみつけてください。

あとがき

ここまで目を通してくれているということは、ぼくらとの車座に心地よさを感じてくれたということでしょうか。

共著者である金迅野さんには、感謝してもしきれません。出会ってからもう30年以上。勤務校で講演をしていただくうちに、いつかいっしょに本を作りたいと考えていました。

多くの友人たち、そして元日本国際理解教育学会会長の米田伸次さんからは有意義なアドバイスをいただきました。慶應義塾大学総合政策学部2年の磯野アサさん、自由の森学園の中高生（北原夏会さん、髙橋うららさん、I・Hさん、M・Fさん）には、Z世代の視点から原稿をチェックしてもらえました。東京都立大学の「教え子」古賀なつきさんには、自由の森学園の生徒たちとのあいだを取り持っていただきました。

身に余る推薦文を寄せてくださった深沢潮さん、イラストを描いてくださった金井真紀さん。つらい体験を振り返るインタビューに応じてくださった朴錦淑さん。叱咤激励をしつづけてくれた大月書店の岩下結さん。すべてのみなさんに深謝いたします。

この本を、94歳の父に読んでもらえることの喜びを噛みしめたいと思います。一番上は来年中学生になる6人の孫たちも、いつかは読者になってほしいです。連れ合いの文枝にも感謝します。がんの手術で心配をかけましたが大丈夫。もう少し迷惑をかけますので、よろしく。

（風巻浩）

ぼくが書いた部分は、10年以上前、風巻さんが勤務する高校で講演したことがきっかけで、風巻さんにお誘いをいただくことになり形になったものです。

読者の方々と同じ年頃にぼくは、何人かの大人たちから、蕩尽（とうじん）というべき魂の贈り物をいただきました。それはひとことで言うならば、「なぜ答えより問いのほうが大事なのか」をめぐって、深く考える豊かな時間でした。何のとりえもないぼくに向けて、なぜ見返りなどありようもない贈り物が与えられたのか。その答えは、いまだに見いだせていません。この本を通じて、ほんの少しの報答ができたのであれば幸いです。

そして何よりも、この本が、いまを生きる若い人たちにとって、この生きづらい時代を生きていくうえで、なんらかの意味をもつものになっていたら、これ以上の喜びはありません。

歩みがのろく、拙さだらけのぼくを励まし寄り添ってくださった風巻さん、そして編集者の岩下さん。たくさん「待つ」ことに耐えてくださってありがとうございました。

（金迅野）

ブックガイド

二重カギカッコ（『　』）は書籍として書店または図書館で入手できるものです。

❶本文で引用・参照した本など

●はじめに

吉野源三郎原作、羽賀翔一漫画（2017）『漫画　君たちはどう生きるか』マガジンハウス

吉野源三郎（1982）『君たちはどう生きるか』岩波書店（初版1937年）

●1時間目

金賛汀（1981）『なぜ先生は見殺しにしたのか』情報センター出版局

山田久仁子（1980）「民族差別を許さない教育闘争のために」上福岡三中の教育を糾す共斗会議

中井久夫（2016）『いじめのある世界に生きる君たちへ』中央公論社

●2時間目

パウロ・フレイレ（2018）『被抑圧者の教育学』三砂ちづる訳、亜紀書房

里見実（2015）『パウロ・フレイレ「被抑圧者の教育学」を読む』太郎次郎社エディタス

風巻浩（1998）「宿河原の砂利採取と朝鮮人」（『神奈川のなかの朝鮮』編集委員会編『神奈川のなかの朝鮮』明石書店）

神奈川新聞「時代の正体」取材班編（2016）『ヘイトデモをとめた街——川崎・桜本の人びと』現代思潮新社

●4時間目

デラルド・ウィン・スー（2020）『日常生活に埋め込まれたマイクロアグレッション——人種、ジェンダー、性的指向：マイノリティに向けられる無意識の差別』マイクロアグレッション研究会訳、明石書店

●5時間目

是川夕（2018）「日本における国際人口移動転換とそ

の中長期的展望――日本特殊論を超えて」（移民政策学会編『移民政策研究』第10号）

テッサ・モーリス＝スズキ（2002）**『批判的想像力のために――グローバル化時代の日本』**平凡社

ミン・ジン・リー（2020）**『パチンコ』**（上下）池田真紀子訳、文藝春秋

姜博（1986）**「人間らしく生きるしんどさを選ぶ」**（『日本人へのラブコール――指紋押捺拒否者の証言』明石書店）

李仁夏（1985）**「市民的不服従としての指紋押捺拒否」**（民族差別と闘う関東交流集会実行委員会編『指紋押捺拒否者への「脅迫状」を読む』明石書店）

風巻浩（1991）**「世界と出会う高校生――開発教育としての日本語ボランティア」**（『歴史地理教育』第479号、1991年11月）

民族差別と闘う大阪連絡協議会編（1992）**『反差別と人権の民族教育を』**民族差別と闘う大阪連絡協議会

●6時間目

田中宏（2013）**『在日外国人　第3版――法の壁、心の溝』**岩波新書

財団法人アジア・太平洋人権情報センター編（2011）**『外国にルーツをもつ子どもたち――思い・制度・展望』**現代人文社

岡部牧夫（1998）**「日本人の移民」**（『世界大百科事典』日立デジタル平凡社）

鈴木譲二（1992）**『日本人出稼ぎ移民』**平凡社

三田千代子（2009）**『「出稼ぎ」から「デカセギ」へ――ブラジル移民一〇〇年にみる人と文化のダイナミズム』**不二出版

●7時間目

下地ローレンス吉孝（2021）**『「ハーフ」ってなんだろう？――あなたと考えたいイメージと現実』**平凡社

黒川みどり（2016）**『創られた「人種」――部落差別と人種主義』**有志舎

崔江以子（2022）**「約束の成就に向けた前進」**（『福音と世界』2022年11月号、新教出版社）

岡本雅享（2013）**「日本におけるヘイトスピーチ拡大の源流とコリアノフォビア」**（駒井洋監修、小林真生編著『レイシズムと外国人嫌悪』明石書店）

梁英聖(2016)『日本型ヘイトスピーチとは何か』影書房

●8時間目

ウイリアム・ピータース(1988)『青い目茶色い目——人種差別と闘った教育の記録』白石文人訳、日本放送出版協会

スタンレー・ミルグラム(2012)『服従の心理』山形浩生訳、河出文庫

ハンナ・アーレント(2017)『エルサレムのアイヒマン——悪の陳腐さについての報告』大久保和郎訳、みすず書房

田野大輔(2020)『ファシズムの教室——なぜ集団は暴走するのか』大月書店

●9時間目

猿谷要・槐一男(1998)『写真記録アメリカの歴史4』ほるぷ出版

Will Counts(1999) *A Life Is More Than a Moment*, Indiana University Press.

アンリ・ベルクソン(1976)『笑い』林達夫訳、岩波文庫

●10時間目

熊谷徹(2007)『ドイツは過去とどう向き合ってきたか』高文研

風巻浩(2016)『社会科アクティブ・ラーニングへの挑戦——社会参画をめざす参加型学習』明石書店

(映像)辛淑玉(2010)『メッセージ〝私たちと人権〟第1巻』神奈川人権センター

●11時間目

KAWADE道の手帖(2008)『鶴見俊輔　いつも新しい思想家』河出書房新社

藤田省三(1997)『藤田省三著作集5　精神史的考察』みすず書房

藤田省三(1998)『藤田省三著作集7　戦後精神の経験I』みすず書房

康潤伊ほか編著(2019)『わたしもじだいのいちぶです——川崎桜本・ハルモニたちがつづった生活史』日本評論社

川崎市ふれあい館・トラヂ会・ウリマダン(2016)「トラヂ会ミニ文化祭　記録集」

アルベルト・メルッチ（2008）『プレイング・セルフ――惑星社会における人間と意味』新原道信ほか訳、ハーベスト社

中村雄二郎（1992）『臨床の知とは何か』岩波新書

●エピローグ

エルンスト・マッハ（2013）『感覚の分析』法政大学出版局

演劇「人類館」上演を実現させたい会編（2005）『人類館 封印された扉』アートワークス

ハンナ・アーレント（2002）『アーレント政治思想集成2 理解と政治』齋藤純一ほか訳、みすず書房

カロリン・エムケ（2018）『憎しみに抗って』浅井晶子訳、みすず書房

❷より深く学びたい人へ

●ヘイトスピーチ・ヘイトクライム問題

師岡康子（2013）『ヘイト・スピーチとは何か』岩波新書

中村一成（2014）『ルポ京都朝鮮学校襲撃事件――〈ヘイトクライム〉に抗して』岩波書店

ヘイトスピーチを許さないかわさき市民ネットワーク編（2017）『根絶！ヘイトとの闘い――共生の街・川崎から』緑風出版

●差別・レイシズム・マイクロアグレッション

安田浩一（2017）『学校では教えてくれない差別と排除の話』皓星社

香山リカ（2017）『「いじめ」や「差別」をなくすためにできること』ちくまプリマー新書

梁英聖（2020）『レイシズムとは何か』ちくま新書

キム・ジヘ（2021）『差別はたいてい悪意のない人がする――見えない排除に気づくための10章』尹怡景訳、大月書店

●多文化共生・多様性

木下理仁（２０１９）『国籍の？がわかる本』太郎次郎社エディタス

ブレイディみかこ（２０１９）『ぼくはイエローでホワイトで、ちょっとブルー』新潮社

「外国につながる子どもたちの物語」編集委員会編（２０２０）『まんが　クラスメイトは外国人　課題編――私たちが向き合う多文化共生の現実』明石書店

毎日新聞取材班編（２０２０）『にほんでいきる――外国からきた子どもたち』明石書店

安田菜津紀（２０２２）『あなたのルーツを教えて下さい』左右社

金井真紀（２０２２）『日本に住んでる世界のひと』大和書房

●移民・難民・入管問題

アリ・ジャン（２００４）『母さん、ぼくは生きてます』池田香代子訳、マガジンハウス

マイケル・ローゼンほか（２０１８）『移民や難民ってだれのこと？』小島亜佳莉訳、創元社

ナディ（２０１９）『ふるさとって呼んでもいいですか――６歳で「移民」になった私の物語』大月書店

眞野明美（２０２１）『ウィシュマさんを知っていますか？――名古屋入管収容場から届いた手紙』風媒社

和田浩明・毎日新聞入管難民問題取材班（２０２２）『彼女はなぜ、この国で――入管に奪われたいのちと尊厳』大月書店

安田菜津紀（２０２２）『隣人のあなた――「移民社会」日本でいま起きていること』岩波ブックレット

木下理仁（２０２３）『難民の？がわかる本』太郎次郎社エディタス

●日韓関係・在日コリアン・植民地問題

加藤直樹（２０１４）『九月、東京の路上で――一九二三年関東大震災ジェノサイドの残響』ころから

加藤圭木監修、一橋大学社会学部加藤圭木ゼミナール編（２０２１）『「日韓」のモヤモヤと大学生のわたし』大月書店

深沢潮（２０２３）『李（すもも）の花は散っても』朝日新聞出版

緒方義広（２０２３）『韓国という鏡――新しい日韓関係の座標軸を求めて』高文研

著者

風巻浩（かざまき ひろし）

1955年生まれ。東京都立大学特任教授，聖心女子大学非常勤講師。神奈川県立高校で社会科教師として勤務するなかで川崎地域の外国籍住民の歴史発掘や高校生による多文化共生の活動に取り組んだ。日本国際理解教育学会，日本社会科教育学会，開発教育協会，歴史教育者協議会会員。専門は社会科教育，国際理解教育，開発教育，多文化共生教育。著書に『社会科アクティブ・ラーニングへの挑戦』(明石書店),『SDGs時代の学びづくり』(共編著,明石書店)ほか。

金迅野（きむ しんや）

1960年生まれ。在日大韓基督教会横須賀教会牧師，立教大学大学院キリスト教学研究科特任准教授。専門は実践神学，多文化共生論と人権教育。マイノリティ宣教センター運営委員。主な著作「ヘイトをめぐる加害（／被害）と法」（『キリスト教学』65号，立教大学キリスト教学会)，「『内側／外側』から見る風景」（『シリーズ多言語・多文化協働実践研究』東京外国語大学)，「グローバル化のなかで生きるとは（座談会)」（『三田評論』1203号，慶應義塾大学)。

イラスト　金井真紀（かない まき）

文筆家，イラストレーター。著書に『日本に住んでる世界のひと』（大和書房)，『世界はフムフムで満ちている』（ちくま文庫）ほか。

装丁　わたなべひろこ

ヘイトをのりこえる教室――ともに生きるためのレッスン

2023年7月24日　第1刷発行
2024年3月26日　第2刷発行

定価はカバーに表示してあります

著　者　風巻浩・金迅野
発行者　中　川　進

〒113-0033　東京都文京区本郷2-27-16

発行所　株式会社　大　月　書　店

印刷　太平印刷社
製本　中 永 製 本

電話(代表)03-3813-4651　FAX 03-3813-4656／振替 00130-7-16387
http://www.otsukishoten.co.jp/

ISBN 978-4-272-33112-3　C0036　Printed in Japan